Mosaik

Die besten Rezepte

aus Baden

Zusammengestellt und bearbeitet von
Ulla Jacobs und Heidrun Schaaf

MOSAIK VERLAG

Inhalt

Vorwort

Baden ist nicht nur ein Erlebnis wegen der wunderschönen Landschaft, sondern vor allem wegen der guten Küche. Und die war schon bemerkenswert, bevor Spitzenköche von sich reden machten. Die sinnesfrohen und gemütlichen Badener lieben seit jeher gutes Essen. Sie ließen sich auch gern von ihren Nachbarn inspirieren. Der Elsaß, die Nordschweiz, Schwaben, ja auch Österreich lassen ihren Einfluß erkennen. Dazu die hervorragenden landeseigenen Produkte, der ausgezeichnete Wein und die Kreativität der Badener Hausfrau – eine feine, aber auch bodenständige und vielseitige Küche ist entstanden.

Zu den bekanntesten Gerichten gehören der Rehrücken Baden-Baden, die Schwarzwälder Kirschtorte, der Badische Hecht, der Bäckerofen – ein herrlicher Eintopf –, Hechtklößchen, Spargel aus Schwetzingen, Schupfnudeln und viele andere mehr. In jeder Jahreszeit ist der badische Tisch – nicht zuletzt wegen des fast südlich sanften Klimas – reich gedeckt. Viel Spaß beim kulinarischen Spaziergang durch die Rezepte dieses Büchleins.

Vorspeisen und Salate

Löwenzahnsalat

Zutaten für 4 Personen

200 g Löwenzahnblätter
1 Zwiebel
1 hartgekochtes Ei
Für die Marinade:
6 Eßlöffel Öl
3 Eßlöffel Essig
Salz
weißer Pfeffer
1 Prise Zucker
je ¹/₂ Bund Dill und Petersilie

Löwenzahnsalat ist sehr schmackhaft und vitaminreich. In der deutschen Küche ist er nach dem Krieg etwas in Vergessenheit geraten. Die badische liebt ihn sehr. Er hat nur einen Nachteil: Man kann ihn nur im Frühling – bis etwa Ende Mai – zubereiten, weil man wirklich nur die ganz jungen, zarten Blätter verwenden sollte. Später im Jahr schmeckt der Salat bitter.

Löwenzahnblätter gründlich waschen. Die Stengel rausschneiden. Blätter abtropfen lassen. Zwiebel und Ei schälen. Beides fein hacken. Alles in eine Schüssel geben und locker mischen.

Für die Marinade Öl in eine Schüssel geben. Tropfenweise den Essig einrühren, bis eine sämige Soße entsteht. Mit Salz, Pfeffer und Zucker würzen.

Dill und Petersilie abspülen und trockentupfen. Dill fein schneiden, Petersilie hacken. Marinade über die Salatzutaten gießen. Mit Dill und Petersilie bestreut sofort servieren.

Servieren Sie zum Salat auch mal Knoblauchcroutons. Sie benötigen dafür 2 Weißbrotscheiben, 2 Knoblauchzehen und Öl zum Braten. Das Brot entrinden, mit dem Saft der geschälten, durchgeschnittenen Knoblauchzehe einreiben und anschließend in kleine Würfel schneiden. In einer Pfanne das Öl erhitzen und die Brotwürfel darin goldbraun rösten. Über den Salat streuen.

Blätterteigtaschen mit Spargel und Gänseleberparfait

Zutaten für 6–8 Personen

Salz
10 g Butter
1 Teelöffel Zucker
500 g grüner oder weißer Spargel
500 g tiefgekühler Blätterteig
100 g Gänseleberparfait (vom Feinkosthändler)
1 Eiweiß
2 Eigelb
2 Eßlöffel Sahne

Eineinhalb Liter Wasser mit Salz, Butter und Zucker in einem hohen Topf aufkochen. Den Spargel nach Bedarf schälen und die holzigen Teile wegschneiden. In 15–20 Minuten garen. Etwas abkühlen lassen, dann abgießen. Den Backofen auf 220 Grad vorheizen. Den Blätterteig 3 mm dick zu einem Rechteck von 12 cm Breite ausrollen. In Quadrate von 6 cm Seitenlänge schneiden. Alle Teigstücke mit etwas Gänseleberparfait bestreichen. Dabei einen Rand von 1 cm frei lassen.

Die abgetropften Spargelstangen in kleine Stücke schneiden und auf die Hälfte der Teigquadrate verteilen. Die Teigränder mit dem leicht verquirlten Eiweiß bestreichen. Die restlichen Teigplätzchen darauflegen und ringsum gut andrücken. Mit Hilfe einer klassischen Gabel eine Dekoration auf den Teigrändern anbringen.

Ein Backblech mit Backfolie auslegen. Die Taschen daraufsetzen. Das Eigelb mit der Sahne mischen. Die Taschen mit einer Gabel mehrmals einstechen und mit der Eiersahne bestreichen.

Das Blech auf die mittlere Schiene des Backofens schieben. Die Taschen ca. 15 Minuten backen und dann lauwarm als kleine Beilage zum Aperitif servieren.

Gänseleberterrine mit Brioche

Zutaten für 8–10 Personen

Terrine:
600 g frische Gänseleber
Salz
weißer Pfeffer aus der Mühle
1 kleines Glas Trüffeljus (nach
Belieben) oder 1 Eßlöffel
Cognac (oder Armagnac)
2 Eßlöffel Sherry
Brioche:
25 g Hefe
6 Eßlöffel Milch
1 Teelöffel Zucker
250 g Mehl
2 Eier
1 Teelöffel Salz
100 g Butter
1 Eigelb

Die Gänseleber nach dem Kauf in ein feuchtes Tuch einschlagen und in den Kühlschrank legen. Nach ca. 1 Stunde herausnehmen.
Die Leber von Hand in die beiden Lappen teilen. Jeden Lappen etwas längs öffnen. Die feinen Häutchen von der Leber sorgfältig abziehen. Die Lappen auf dem Tisch etwas plattdrücken. Die Blutgefäße, alle grünen Teile, die mit der Galle in Berührung gekommen sind, und die Nerven sorgfältig herausziehen. Die Leber in eine flache Schale legen. Rundherum mit Salz und Pfeffer bestreuen.
Die Hälfte der Leberstücke in eine Terrinenform aus Porzellan von 1/2 Liter Inhalt legen. Mit dem Trüffeljus oder dem Cognac und dem Sherry beträufeln. Die restliche Leber darauflegen und alles gut zusammenpressen. Die Oberfläche etwas ausgleichen. 10 Stunden im Kühlschrank ziehen lassen. Einen Bräter ca. 3cm hoch mit Wasser füllen und auf die mittlere Schiene des Backofens stellen. Den Ofen auf 140 Grad heizen. Das Wasser soll eine Temperatur von 65–70 Grad erreichen. Das Messen mit einem Thermometer ist unerläßlich. Die Terrine hineinsetzen und den Backofen auf 80 Grad zurückschalten. Die Gänseleber darin in 20 Minuten im Wasserbad garen.
Die Terrine herausnehmen, den Deckel umkehren und auf die Leber pressen, damit seitlich Fett aufsteigt und die Leber leicht bedeckt. Die Terrine wieder verschließen. Nach dem Erkalten die Terrine für 2–3 Tage in den Kühlschrank (1 Grad) stellen. Erst dann servieren.

Für die Brioche die Hefe zerbröckeln und
mit 2–3 Eßlöffeln lauwarmer Milch und dem
Zucker auflösen. Das Mehl in eine große, lauwarme Schüssel sieben. Eine Vertiefung machen.
Die Eier mit dem Salz verquirlen. Die restliche
Milch dazugießen, alles zum Mehl geben und
rasch zu einem Teig verkneten. Den Teig immer
wieder zusammenfalten und kräftig auf den Tisch
schlagen. Zu einer Kugel formen, mit einem Tuch
bedecken und
30 Minuten bei Raumtemperatur gehen lassen.
Den Teig flachdrücken . Die in Flocken geschnittene Butter daraufgeben und kneten, bis der Teig
glatt ist und nicht mehr klebt. Den Teig
10–12 Stunden kühl ruhen lassen (bei ca.
11–12 Grad). Nochmals kräftig kneten, zusammenfalten und schlagen. Den Teig in eine gebut-
terte Königskuchenform geben. 10–15 Minuten
bei Zimmertemperatur stehenlassen, dann bei
220 Grad 20–25 Minuten backen.
Die Terrine in der Form auf den Tisch bringen
und senkrecht in 1 cm dicke Scheiben schneiden.
Zusammen mit der frischgebackenen Brioche servieren. Die Terrine ist im Kühlschrank (bei
1 Grad) 4–6 Tage haltbar (nach Anbruch mit Folie
abdecken).
Beilage: Statt Brioche Toast mit Butter, eventuell
Portweingelee.
Getränkeempfehlung: Sauternes, Barsac, Riesling
Spätlese.

Wildschweinpastete

Zutaten für 4 Personen

750 g Wildschweinkeule
ohne Knochen
250 g Schweineleber
4 Wacholderbeeren
3 Glas (je 2 cl Gin)
1 Brötchen
6 EL Milch
100 g Speck am Stück
200 g Zwiebeln
Salz
weißer Pfeffer
getrockneter Majoran
20 Scheiben fetter Speck
(200 g)

Wildschweinkeule waschen und abtrocknen. Sehnen und Fett abschneiden. Leber mit Haushaltspapier abtupfen. Keule und Leber in große Würfel schneiden. Mit den zerdrückten Wacholderbeeren in einer Schüssel mischen. Mit Gin beträufeln. Zugedeckt 2 Stunden kalt stellen. Brötchen in Würfel schneiden. In eine Schüssel legen. Milch erhitzen. Über die Brötchenwürfel gießen. 5 Minuten ziehen lassen. Speck in große Würfel schneiden. Zwiebeln schälen und vierteln. Fleisch, Leber, Speck und Zwiebeln durch den Fleischwolf (feine Scheibe) in eine Schüssel drehen. Mit den ausgedrückten Brötchenwürfeln zu einem Teig mischen. Mit Salz, Pfeffer und Majoran abschmecken.

Pastetenform mit zwei Dritteln der Speckscheiben auslegen. Fleischteig einfüllen und glattstreichen. Mit den restlichen Speckscheiben belegen. Mit Alufolie und Deckel abdecken.

Die Form in einen länglichen Schmortopf stellen und heißes Wasser bis zwei Finger breit unter den Rand der Form füllen. Auf den Rost auf die mittlere Schiene des Backofens schieben. In 1 1/2 Stunden bei 200 Grad garen lassen.

Die Pastete etwas abkühlen lassen und den Saft, der sich gebildet hat, vorsichtig abgießen. Die Pastete mit einem Holzbrett bedecken und mit einem Gewicht beschwert erkalten lassen.

Die Pastete vor dem Aufschneiden zugedeckt 12–24 Stunden in den Kühlschrank geben.

Beilagen: Cumberlandsoße und Stangenweißbrot. Dazu paßt Rotwein.

Schnecken überbacken

Für dieses Rezept brauchen Sie winzig kleine feuerfeste Näpfchen, die es speziell für Schnecken zu kaufen gibt. Durch den doppelten Verschluß von Butter und Blätterteig werden die Schnecken besonders würzig.

Blätterteig nach Vorschrift auftauen lassen. Schnecken auf einem Sieb abtropfen lassen. Brühe auffangen. Zwiebel schälen und fein würfeln. Champignons waschen und fein hacken. 20 g Butter in einer Pfanne erhitzen. Zwiebel und Champignons reingeben, salzen und pfeffern und bei geringer Hitze in 15 Minuten trocken dünsten. Kalt stellen. Schinken fein würfeln. Knoblauch schälen und fein hacken. Restliche Butter in einer Schüssel verrühren. Champignons, Schinken und Knoblauch untermischen.

Kleine Porzellan- oder Steingutnäpfe mit je einer Schnecke füllen. Etwas Schneckenbrühe zugießen und mit der Butter zustreichen. Ränder der Näpfchen mit Eiweiß bestreichen.

Blätterteig auf bemehlter Arbeitsfläche 4mm dick ausrollen. Runde Teigstücke in Größe der Näpfchen ausstechen. Näpfchen damit verschließen, Ränder gut andrücken. Oberfläche mit verquirltem Eigelb bestreichen. In den vorgeheizten Ofen auf die mittlere Schiene stellen. 12 Minuten bei 220 Grad backen.

Wann reichen? Als festliche Vorspeise mit Kopf- oder Eissalat in einer Essig-Öl-Marinade. Als Getränk paßt ein herber Weißwein.

Zutaten für 8 Personen

$1/2$ Paket Tiefkühlblätterteig (150 g)
2 Dosen à 24 Schnecken (200 g)
1 kleine Zwiebel
125 g frische Champignons
200 g Butter
Salz
gemahlener schwarzer Pfeffer
75 g Schinken
2 Knoblauchzehen
1 Eiweiß
Mehl zum Ausrollen
1 Eigelb

Schnecken badische Art

Zutaten für 4 Personen

2 Dosen à 24 Schnecken
(200 g) und
48 Schneckenhäuschen
2 Schalotten (oder kleine
Zwiebeln)
schwarzer Pfeffer
$^1/_2$ Weinglas
(weißer Burgunder)
1 Teelöffel Instant-Fleisch-
extrakt (Fertigprodukt)
Für die Schneckenbutter:
200 g Butter
2 Schalotten (oder kleine
Zwiebeln)
2 Knoblauchzehen
$^1/_2$ Bund Petersilie
Salz
weißer Pfeffer

Schnecken abtropfen lassen. Brühe in einem kleinen Topf auffangen. Schalotten (oder Zwiebeln) schälen, in dünne Scheiben schneiden und fein hacken. Mit etwas Pfeffer und Weißwein zur Schneckenbrühe geben. In 10 Minuten bei geringer Hitze zur Hälfte einkochen lassen. Dann den Fleischextrakt zugeben.

Für die Schneckenbutter Butter in einer Schüssel glattrühren. Schalotten (oder Zwiebeln) und Knoblauch schälen, Petersilie abspülen, trockentupfen und alles zusammen auf einem Holzbrett sehr fein hacken. Zur Butter geben. Gut mischen. Mit Salz und Pfeffer würzen.

Schnecken-Burgunder-Sud in die Schneckenhäuschen verteilen. Je eine Schnecke reindrücken. Mit Schneckenbutter zustreichen. Die Schneckenhäuschen mit der Öffnung nach oben in vier Schneckenpfannen setzen. In den vorgeheizten Ofen auf die mittlere Schiene schieben. 15 Minuten bei 220 Grad backen.

Schneckenpfannen aus dem Ofen nehmen, auf Teller stellen und servieren.

Beilage: Stangenweißbrot. Als Getränk paßt ein weißer Burgunder.

Schwarzwälder Tellersülze

Schweinefleisch abspülen und abtropfen lassen. Schweineohren und -backen unter fließendem Wasser abbürsten. Alles in einen Topf mit Wasser geben. Zwiebel schälen und mit dem Lorbeerblatt spicken. Zusammen mit Pfefferkörnern und Wacholderbeeren auch in den Topf geben. Zugedeckt 90 Minuten leicht kochen lassen. Fleisch rausnehmen und abkühlen lassen. Brühe bei offenem Topf in 30 Minuten auf die Hälfte einkochen lassen. Dann mit Pfeffer und etwas Salz würzen.

In der Zwischenzeit Fleisch in 2 cm große Würfel schneiden. Ohren und Backen ebenfalls würfeln. Fleisch in vier kalt ausgespülte Suppenteller verteilen. Flüssigkeit durch ein Sieb gießen. Gleichmäßig über das Fleisch verteilen.

Zugedeckt im Kühlschrank 24 Stunden erstarren lassen. In den Tellern servieren oder auf eine Platte stürzen.

Wann reichen? Mit Gewürzgurken und Bratkartoffeln als Abendessen. Bitte stellen Sie Senf und Essig mit auf den Tisch. Und das kühle Helle sollten Sie nicht vergessen.

Zutaten für 4 Personen

500 g mild gepökeltes
Schweinefleisch
500 g Schweineohren und
Schweinebacken
1 l Wasser
1 Zwiebel
1 Lorbeerblatt
5 Pfefferkörner
4 Wacholderbeeren
weißer Pfeffer
Salz

 Schwarzwälder Tellersülze mit je einer Prise Thymian und Salbei würzen.

Wildsalat mit Birnen

Zutaten für 4 Personen

200 g Reste von Wildfleisch
(in Scheiben geschnitten)
2 reife Birnen
1 Teelöffel Zitronensaft
1/2 kleine Sellerieknolle
Salz
2 Kiwis
2 Eßlöffel gehackte Walnüsse
Für die Soße:
6 Eßlöffel Mayonnaise
(möglichst selbstgemacht)
1 Teelöffel scharfer Senf
3 Eßlöffel Sahne
Außerdem:
6–8 Blätter Löwenzahn oder
Lollo Rosso
grobgemahlener
schwarzer Pfeffer

Das Wildfleisch und die geschälten Birnen in Streifen schneiden, die Birnenstreifen sofort mit Zitronensaft beträufeln.

Den Sellerie schälen und in feine Streifen schneiden. In kochendem Wasser in etwa 2 Minuten blanchieren und auf einem Sieb gut abtropfen lassen.

Die Kiwis schälen und in Scheiben schneiden, die Hälfte der Kiwischeiben in Würfel. Die Kiwiwürfel mit dem Fleisch, den Birnen, den Selleriestreifen und den gehackten Walnüssen in einer Schüssel vermischen.

Für die Sauce die Mayonnaise mit Senf und Sahne verrühren, über die Salatzutaten gießen und unterheben. Den Salat auf den Lollo-Rosso-Blättern anrichten und mit den Kiwischeiben garnieren. Mit Pfeffer bestreuen.

Beilage: Französisches Weißbrot.

Spargelsalat mit Kalbsbries

Das Kalbsbries in kaltes Wasser legen und mindestens 2 Stunden wässern. Das Ei 9 Minuten kochen, anschließend abschrecken. Die Spargelstangen schälen und die holzigen Enden goßzügig abschneiden. Inzwischen 1 Liter Salzwasser erhitzen und Zucker, 10 g Butter und den Spargel hinzufügen. 15–20 Minuten kochen. Der Spargel soll noch Biß haben. Die Fleischbrühe inzwischen in einem kleinen Topf aufkochen. Die Zwiebel schälen und mit dem Lorbeerblatt und der Nelke spicken. Mit dem Bries in die kochende Brühe geben und 6 Minuten bei schwacher Hitze ziehen lassen. Im Sud erkalten lassen.

Den Spargel abgießen. Die Spitzen abschneiden und die Stangen in 2 cm lange Stücke schneiden. Für die Vinaigrette den Honigessig mit dem Haselnußöl gut verrühren. Mit Salz und Pfeffer abschmecken. Die Spargelstücke mit 2/3 der Vinaigrette mischen. Auf 4 Tellern anrichten und die Spargelspitzen darüberlegen. Die restliche Vinaigrette darüberträubeln. Das Ei schälen und hacken.

Das Kalbsbries aus dem Sud nehmen, häuten und von allen Unreinheiten befreien. Mit Küchenpapier trockentupfen. Das Bries in 3–4 cm dicke Scheiben schneiden. Die restliche Butter erhitzen und die Briesscheiben darin auf beiden Seiten etwas anziehen lassen. Noch warm mit dem Salat anrichten. Das Ganze mit Kräutern und gehacktem Ei bestreuen. Beilage: Knuspriges Bauern- oder Roggenbrot.

Zutaten für 4 Personen

250 g Kalbsbries
1 Ei
8 Stangen grüner Spargel
4 Stangen weißer Spargel
Salz
1 Teelöffel Zucker
25 g Butter
$1/2$ l Fleischbrühe
1 mittelgroße Zwiebel
$1/2$ Lorbeerblatt
1 Gewürznelke
1 Eßlöffel Kerbel, gehackt
1 Teelöffel Petersilie, gehackt
Für die Vinaigrette:
1 Eßlöffel Honigessig
2 Eßlöffel Haselnußöl
Salz
weißer Pfeffer

Feldsalat mit Croutons

Zutaten für 4 Personen

---

300 g Feldsalat
1 rote Zwiebel
1 Scheibe Toastbrot
1 Eßlöffel Butter
1 Eßlöffel Zitronensaft
3 Eßlöffel Distelöl
1 Prise Zucker
frisch gemahlener Pfeffer
Salz

Kaum ein Salat hat so viele Namen wie der Feldsalat: von Mauseöhrchen bis Rapunzel. In Baden nennt man ihn Ritscherle.

Feldsalat sorgfältig putzen: Welke Blätter und Wurzeln abschneiden, aber die Rosetten zusammen lassen. Gründlich waschen und trockenschleudern.

Die Zwiebel schälen und in sehr feine Würfel schneiden. Mit dem Salat in einer Schüssel gut mischen.

Toastbrot in sehr kleine Würfel schneiden. In einem Pfännchen die Butter zerlassen und die Toastwürfel darin rasch anrösten.

Zitronensaft und Öl aufschlagen, mit einer Prise Zucker, Pfeffer und Salz abschmecken. Die Marinade über den Salat gießen, mischen, warme Toastwürfel darüberstreuen und den Salat sofort servieren.

 Sie können 75 g durchwachsenen Speck in kleine Würfel schneiden, in einer Pfanne kroß braten und über den Salat streuen.

Badischer Wurstsalat

Fleischwurst häuten. Gurke, Zwiebel und Apfel schälen. Von den Tomaten die Haut abziehen. Alles in feine Streifen schneiden. Die Möhren auch. Eier pellen. Zwei Achtel zum Garnieren zurücklassen. Eiweiß vom Eigelb lösen. Eiweiß hacken. Mit den übrigen Zutaten gut mischen.

Eigelb durch ein Sieb drücken. Mit Mayonnaise, Sahne und Gewürzen verrühren. Über den Salat geben und mischen. Schnittlauch zerkleinern und dazugeben. Gut durchziehen lassen. Nochmal abschmecken. Anrichten. Mit zwei Ei-Achteln und Petersilie garnieren.

Beilagen: Weißbrot und als Getränk kühles Bier.

Zutaten für 4 Personen

125 g Fleischwurst
1 Gewürzgurke
1 Zwiebel
1 Apfel
2 Tomaten
2 gekochte Möhren
2 hartgekochte Eier
1 Beutel Mayonnaise
2 Eßlöffel Sahne
Salz, Pfeffer, Paprika,
etwas Senf
etwas geriebener Meerrettich
1/2 Bund Schnittlauch
1 kleines Sträußchen
Petersilie

Schwetzinger Spargelsalat

Zutaten für 4 Personen

2 Hühnerbrüstchen (ca. 250 g)
1/2 l Wasser
Salz
4 Pfefferkörner
500 g Spargel
10 g Butter
1 Prise Zucker
1/8 l heißes Wasser
4 kleine Tomaten
4 Scheiben Ananas
aus der Dose
Für die Marinade:
3 Eßlöffel Mayonnaise
3 Eßlöffel saure Sahne
1 Eßlöffel Zitronensaft
1 Bund Petersilie
Salz
weißer Pfeffer
1 Prise Zucker
1 Spritzer Worcestersoße
Zum Garnieren:
1/4 Kästchen Kresse

Schwetzinger Spargel ist in Württemberg und anderswo ein Qualitätsbegriff. Deshalb finden Feinschmecker, man solle ihn unverfälscht nur mit Buttersoße und dünnen Schinkenscheiben genießen. Aber in Schwetzingen und rundherum weiß man eine Menge leckerer Gerichte mit Spargel zu bereiten. Eben auch diesen Salat – zu dem Sie aber nicht unbedingt den echten Schwetzinger Spargel nehmen müssen.

Wasser mit Salz und Pfefferkörnern sprudelnd aufkochen lassen. Hühnerbrüstchen reingeben und zugedeckt 20 Minuten sanft kochen lassen. Dann rausnehmen, abtropfen und abkühlen lassen. Während das Fleisch kocht, den Spargel waschen und putzen. Stangen in 5 cm lange Stücke schneiden. Butter erhitzen. Spargel reingeben. Mit Zucker und wenig Salz würzen. Mit Wasser begießen. Zugedeckt 20 Minuten dünsten lassen. Tomaten häuten, vierteln, entkernen und die Stengelansätze rausschneiden. Fruchtfleisch würfeln. Ananas abtropfen lassen. In 1 cm breite Stücke schneiden.

Von den Hühnerbrüstchen die Haut abziehen. Fleisch in 2 cm große Würfel schneiden. Spargel aus dem Topf nehmen, abtropfen und abkühlen lassen. Mit den übrigen Zutaten in eine Schüssel geben.

Für die Marinade Mayonnaise, saure Sahne und Zitronensaft verrühren. Petersilie abbrausen, trockentupfen und hacken. In die Marinade geben. Mit Salz, Pfeffer, Zucker und Worcestersoße pikant abschmecken.

Marinade über den Salat gießen. Vorsichtig
mischen. Salat zugedeckt 30 Minuten im Kühlschrank durchziehen lassen. In eine Glasschüssel
füllen. Kresse abbrausen und abtropfen lassen.
Salat mit Kresse garniert servieren.
Wann reichen? Mit Toast oder Schwarzbrot und
Butter als Vorspeise oder kleines Abendessen.

Eiersalat Freiburger Art

Die Eier pellen, die Tomaten waschen und
trockenreiben. Beides in Scheiben schneiden.
Sellerie in Streifen schneiden. Eier, Tomaten und
Sellerie in eine Schüssel schichten.
Für die Salatsoße Öl, Essig und Senf verrühren.
Mit Salz und Pfeffer abschmecken. Schnittlauch
waschen, trockentupfen und in feine Ringe schneiden. In die Soße rühren und diese über den Salat
gießen. Den Eiersalat vor dem Servieren 1–2 Stunden im Kühlschrank durchziehen lassen.
Beilage: Freiburger Brezeln.

Zutaten für 4 Personen

6 hartgekochte Eier
3 Tomaten
4 Selleriescheiben, gekocht
Für die Salatsoße:
4 Eßlöffel Sonnenblumenöl
2 Eßlöffel Weinessig
1 Teelöffel scharfer Senf
Salz
Pfeffer
1 Bund Schnittlauch

Badischer Kartoffelsalat

Zutaten für 4 Personen

1 kg Salatkartoffeln
6 Eßlöffel Weinessig
¹/₈ l heiße Fleischbrühe
(aus Würfeln)
1 Zwiebel
125 g durchwachsener Speck
2 Eßlöffel Öl
Salz
schwarzer Pfeffer
1 Prise Zucker
je ¹/₂ Bund Petersilie,
Dill und Schnittlauch

Kartoffeln abbürsten, in einem Topf mit Wasser bedeckt vom Kochen an in 30 Minuten garen. Abgießen, unter kaltem Wasser abschrecken und abziehen. Noch warm in Scheiben schneiden. In eine Schüssel geben und im heißen Wasserbad warm stellen. Mit Essig und Fleischbrühe begießen.

Zwiebel schälen und fein hacken. Über die Kartoffeln streuen.

Speck würfeln. Öl in einer Pfanne erhitzen. Speck darin goldgelb braten. Mit Salz, Pfeffer und Zucker würzen. Die heiße Specksoße über die Kartoffeln geben. Vorsichtig mischen. Den Salat dann im heißen Wasserbad 20 Minuten durchziehen lassen.

Inzwischen Petersilie, Dill und Schnittlauch unter kaltem Wasser abbrausen, trockentupfen und hacken. Vor dem Servieren über den Salat streuen.

Feldsalat mit Walnüssen

Feldsalat putzen. Blätter in ein Sieb geben. Mit kaltem Wasser überbrausen. Abtropfen lassen. In ein frisches Küchentuch geben und trockenschwenken.

Zwiebel schälen und gleichmäßig würfeln. Walnußkerne grob hacken. (Eine Handvoll Walnußkerne zum Garnieren zurücklassen.) Beides mit dem Salat in einer Schüssel mischen.

Für die Marinade Joghurt mit Salz, Pfeffer, Senf, Öl und Zucker mischen. Kräftig abschmecken. Über den Salat gießen und vorsichtig untereinander mischen. 10 Minuten ziehen lassen. In einer anderen Schüssel anrichten. Mit gehackten Walnußkernen garniert servieren.

Wozu reichen? Zu Braten oder Kurzgebratenem und Petersilienkartoffeln.

Zutaten für 4 Personen

400 g Feldsalat
1 Zwiebel
100 g Walnußkerne
Für die Marinade:
1 Becher Joghurt
Salz
weißer Pfeffer
1 Teelöffel Senf
2 Eßlöffel Öl
1 Prise Zucker

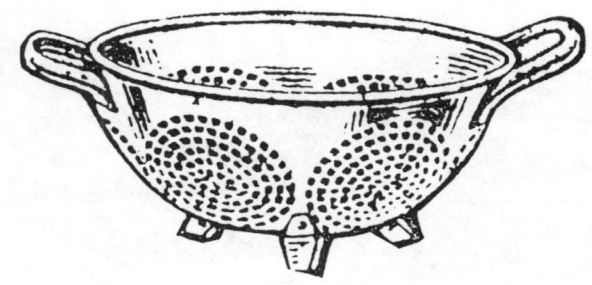

Suppen und Süpple

Lauchsuppe badisch

Zutaten für 4 Personen

2 Zwiebeln
125 g roher Schinken
30 g Butter
6 Stangen Lauch (500 g)
1 l heiße Fleischbrühe
(selbstgekocht oder aus
Würfeln)
Salz
weißer Pfeffer
$1/8$ l Weißwein
1 Eßlöffel Mehl
2 Eßlöffel saure Sahne
1 Eigelb
$1/2$ Bund Petersilie
4 Eßlöffel geriebener
Emmentaler

Zwiebeln schälen, halbieren und würfeln. Schinken auch in kleine Würfel schneiden. Butter in einem Topf erhitzen. Zwiebeln reingeben und in 3 Minuten anbraten. Schinken zufügen und 3 Minuten mitbraten.

Lauch putzen, gründlich waschen und in etwa 1 cm lange Stücke schneiden. Zugeben. 5 Minuten braten. Fleischbrühe aufgießen. Mit Salz und Pfeffer würzen. 15 Minuten kochen lassen. Wein und Mehl in einem Becher verrühren und die Suppe damit binden.

Saure Sahne reinrühren. Eigelb in einem Becher mit zwei Eßlöffeln Suppe verquirlen. Wieder in die Suppe rühren. Petersilie waschen, trockentupfen, hacken, dazugeben. Die Suppe in vorgewärmte Suppenteller füllen und mit dem Käse bestreut servieren.

Die Suppe schmeckt noch besser, wenn sie im vorgeheizten Ofen kurz überbacken wird. Vorher auf den geriebenen Käse noch wenige Butterflöckchen setzen.

Zwiebelsuppe badisch

Ganz gleich, ob Sie deftige Kost oder besondere Delikatessen lieben, die badische Küche bietet Ihnen beides. Und nicht nur das! In Baden versteht man auch, aus einfachen Zutaten besonders interessante Gerichte zu zaubern. Diese Zwiebelsuppe ist eines davon.

Zwiebeln schälen und in 2 mm breite Ringe schneiden. Butter oder Margarine in einem Topf erhitzen. Zwiebelringe in 3 Minuten darin glasig braten. Mehl drüberstreuen. Unter Rühren 1 Minute durchschwitzen. Dann die heiße Fleischbrühe zugießen. Mit Salz und Pfeffer würzen. 20 Minuten kochen lassen.

In der Zwischenzeit Toastbrotscheiben entrinden und in 1 cm große Würfel schneiden. Butter oder Margarine in einer Pfanne erhitzen. Brotwürfel darin rundherum in 5 Minuten goldgelb rösten. Pfanne vom Herd nehmen.

Eigelb mit Weißwein und Sahne in einem Becher verquirlen. Mit Salz und Pfeffer würzen.

Petersilie und Schnittlauch unter kaltem Wasser abspülen und trockentupfen. Petersilie hacken, Schnittlauch fein schneiden.

Zwiebelsuppe vom Herd nehmen. Eimischung reinrühren. Suppe zugedeckt 2 Minuten ziehen lassen. In einer vorgewärmten Terrine anrichten. Mit Brotwürfeln und gehackten Kräutern bestreuen und sofort servieren.

Wann reichen? Als Vorspeise, als leichtes Abendessen mit belegten Broten hinterher oder als Mitternachtssuppe.

Zutaten für 4 Personen

500 g Zwiebeln
40 g Butter oder Margarine
15 g Mehl
1 l heiße Fleischbrühe
(selbstgekocht oder aus Würfeln)
Salz
weißer Pfeffer
Außerdem:
2 Scheiben Toastbrot
20 g Butter oder Margarine
2 Eigelb
1 Glas badischer Weißwein
($1/10$ l)
4 Eßlöffel Sahne
Salz
weißer Pfeffer
je $1/2$ Bund Petersilie und Schnittlauch

Rindfleischsuppe mit Kräuterflädle

Zutaten für 4 Personen

1¹/₂ l klare Rindfleischbrühe
(selbstgemacht oder aus
Würfeln)
Kräuterflädle:
60 g Mehl
1 Prise Salz
4 Eier
¹/₈ l Milch
1 Eßlöffel zerlassene Butter
2 Eßlöffel feingewiegte
Kräuter
(Dill, Kerbel, Petersilie, einige
Blättchen Estragon)
Butter und Öl zum Braten

Die Fleischbrühe erhitzen und zur Seite stellen.

Für die Flädle Mehl und Salz in eine Schüssel geben und mit den Eiern verrühren. Die Milch unter Weiterrühren hinzufügen und zum Schluß die flüssige Butter zugeben. Den Teig mindestens 20 Minuten stehen lassen. Die Kräuter erst vor dem Braten der Flädle wiegen und an den Teig geben.

In einer beschichteten Pfanne Fett erhitzen und wenig Teig hineingießen. Den Teig unter Schwenken der Pfanne nach allen Seiten verteilen und von beiden Seiten goldgelb braten. Aufrollen und in Streifen schneiden.

Die Rindfleischbrühe erneut erhitzen und die Flädle kurz vor dem Servieren einige Minuten zum Aufwärmen hineingeben.

☞ Die Flädle werden besonders zart, wenn man den Teig 1 Stunde ausquellen läßt, bevor die Flädle gebacken werden.

Gerstensuppe mit Pökelfleisch

Pökelrippchen oder Schweinsfüße in 2 Liter kaltem Wasser in einem Topf aufkochen. Dann bei mittlerer Hitze 60 Minuten leise kochen lassen.

In der Zwischenzeit Graupen mit kaltem Wasser in einem anderen Topf ansetzen. Aufkochen, auf ein Sieb geben und mit kaltem Wasser abbrausen. Zu den Pökelrippchen geben und mitkochen lassen.

Kartoffeln, Sellerie, Petersilienwurzel, Lauch und Möhren putzen, waschen und in kleine Würfel schneiden. Zwiebeln schälen. Auch kleinschneiden. Alles, außer dem Lauch, 20 Minuten vor Ende der Garzeit in die Suppe geben. Lauch 5 Minuten vorher, sonst zerkocht er.

Petersilie waschen, trockentupfen und fein hacken. Pökelrippchen oder Schweinsfüße aus der Suppe nehmen. Knochen rauslösen, Fleisch kleinschneiden und mit der Petersilie wieder in die Suppe geben. Oder Suppe und Pökelfleisch getrennt servieren.

Zutaten für 4 Personen

750 g Pökelrippchen oder 8 gepökelte Schweinsfüße
2 l Wasser
150 g feine Graupen (Rollgerste)
1 l Wasser
200 g Kartoffeln
1/2 Sellerieknolle
1 Petersilienwurzel
2 Stangen Lauch
250 g Möhren
2 Zwiebeln
1 Bund Petersilie

Graupen sind geschälte Gerstenkörner. Kaufen können Sie grobe, mittlere, feine und feinste Graupen. Je feiner sie sind, um so teurer sind sie, und um so leichter verdaulich. Die gebräuchlichsten: Perlgraupen. Alle Sorten trocken, luftig und nicht zu lange aufbewahren.

Badische Schneckensuppe

Zutaten für 4 Personen

2 Knoblauchzehen
2 Schalotten
20 g Butter
1 Stück Lauch
$1/2$ Möhre
1 dicke Scheibe Sellerie
24 Schnecken
$1/2$ l Fleischbrühe
$1/8$ l Weißwein (Riesling)
Salz
Pfeffer
1 Bund Petersilie
1 Bund Schnittlauch
3 Eßlöffel dicke saure Sahne

Knoblauch und Schalotten schälen und fein hacken. Butter in einem Topf schmelzen und Knoblauch- und Zwiebelwürfel darin glasig braten. Lauch, Möhre und Sellerie putzen, waschen und fein hacken. Zu den Schalotten geben und ebenfalls anbraten. Die Schnecken abtropfen lassen und in kleine Würfel schneiden. Zum Gemüse in den Topf geben und mitschmoren. Fleischbrühe und Weißwein zugießen. Mit Salz und Pfeffer kräftig abschmecken.
Petersilie und Schnittlauch waschen, trockentupfen und kleinschneiden. Mit der sauren Sahne zum Schluß in die Suppe rühren.

 Anstelle von Schnittlauch können Sie auch Kerbel verwenden.

Baumwollsuppe

Zutaten für 4 Personen

50 g Butter
2 Eier
80 g Mehl
$1/8$ l Milch
Salz
Muskat
1 l Fleischbrühe (selbstgekocht oder aus Würfeln)
Petersilie

Butter schaumig rühren. Eier, Mehl, Milch zugeben. Die Masse muß dickflüssig sein. Mit Salz und Muskat würzen.
Fleischbrühe sprudelnd kochen lassen. Teig durch ein Sieb einlaufen lassen. Kurz aufkochen. Fein gehackte Petersilie draufstreuen.

Sagosuppe

Markknochen und Rindfleisch abspülen. Knochen in einem Topf mit kaltem Wasser zum Kochen bringen. Brühe nach dem Aufkochen abschäumen. 5 Minuten sieden lassen. Rindfleisch, Pfefferkörner, Lorberblatt und Salz zufügen. 90 Minuten bei geringster Hitze sieden lassen. Suppengrün putzen und waschen. In grobe Stücke schneiden. 45 Minuten vor Ende der Garzeit reingeben.

Brühe durch ein feines Sieb gießen. (Rindfleisch anderweitig verwenden.) In dem gesäuberten Topf wieder aufkochen. Unter Rühren Sago reinstreuen. 30 Minuten leise kochen lassen. Suppe mit Muskatnuß abschmecken. Mark aus den Knochen lösen und in Würfel schneiden. Kerbel abbrausen, trockentupfen und fein hacken. Sagosuppe mit gewürfeltem Knochenmark und gehacktem Kerbel anrichten.

Wenn Sie's eilig haben, können Sie die Fleischbrühe aus Würfeln zubereiten. Die Suppe zum Schluß vielleicht noch mit einem Glas Wein abrunden.

Zutaten für 4 Personen

3 Rindermarkknochen (450 g)
300 g Rindfleisch aus Hochrippe oder Bein
1¹/₂ l Wasser
2 Pfefferkörner
1 Lorbeerblatt
Salz
1 Bund Suppengrün
50 g Sago
geriebene Muskatnuß
1 Bund Kerbel

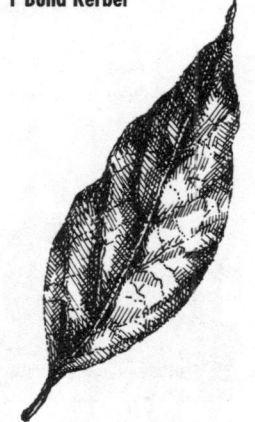

Knöpflesuppe

Zutaten für 4 Personen

Für die Knöpfle:
50 g Mehl
2 Eier
Salz
geriebene Muskatnuß
Außerdem:
1 l Fleischbrühe
(selbstgekocht oder aus
Würfeln)
1/2 Bund Petersilie

Knöpflesuppe wurde in Baden schon um die Jahrhundertwende zubereitet. Man füllte damals den dünnflüssigen Teig in eine über dem Kochtopf angebrachte spezielle Maschine, die mit einer Walze versehen war. Mit der Walze wurde der Teig gleichmäßig in die kochende Flüssigkeit gedreht. Heute gibt es diese Spezialmaschinen nicht mehr. Daher läßt man den Knöpfleteig durch ein grobgelöchertes Sieb in die Suppe laufen.

Mehl, Eier, Salz und Muskat in eine Schüssel geben. Gut rühren. Der Teig soll dünnflüssig sein. 30 Minuten quellen lassen.

Fleischbrühe in einem Topf zum Kochen bringen. Teig durch ein groblöcheriges Sieb in die kochende Brühe laufen lassen. Wenn die Knöpfle an der Oberfläche schwimmen, sind sie gar. Das dauert etwa 3 Minuten.

Petersilie mit kaltem Wasser abbrausen, mit Haushaltspapier trockentupfen und fein hacken. In 4 Suppentassen verteilen, heiße Brühe mit den Knöpfle darübergießen. Sofort servieren.

Wann reichen? Als Vorsuppe oder zum Abendessen an kalten Tagen. Dazu schmeckt Schwarzbrot mit Butter.

Spargelcremesuppe

Den Spargel schälen und die Stangen in Stücke schneiden. Das Wasser mit Salz, Zucker und Spargelabfällen zum Kochen bringen. 15 Minuten bei schwacher Hitze kochen. Durch ein Sieb gießen und die Spargelstückchen in der Brühe in 15–20 Minuten garen.

Aus Butter und Mehl eine helle Mehlschwitze zubereiten, mit der Spargelbrühe aufgießen und 15 Minuten kochen lassen. Sahne und Eigelb miteinander verquirlen und die Suppe legieren. Erhitzen, aber nicht mehr kochen lassen.

Die Spargelstückchen in die Suppe geben, mit Salz, frisch gemahlenem Pfeffer, Zitronensaft und -schale abschmecken. Mit Schnittlauchröllchen bestreuen.

Zutaten für 4 Personen

500 g Bruchspargel
1 l Wasser
$1/2$ Teelöffel Zucker
50 g Butter
30 g Mehl
$1/8$ l Sahne
1 Eigelb
weißer Pfeffer
Salz
Saft und Schale von einer halben unbehandelten Zitrone
1 Bund Schnittlauch

Hagebuttensuppe

Hagebuttenmark mit Wasser verdünnen. Zitronenschale und Zimtstange zufügen und aufkochen. Speisestärke mit wenig Wasser anrühren und die Suppe damit binden.

Mit Zucker, Salz, Apfelwein und Zitronensaft abschmecken. Zimtstange rausnehmen. Suppe in tiefen Tellern servieren. Obenauf kleine Suppenmakronen geben.

Wann reichen? Als Vorsuppe oder besonders im Sommer gut gekühlt als Dessert.

Zutaten für 4 Personen

250 g Hagebuttenmark aus dem Glas
$3/4$ l Wasser
1 Stück Zitronenschale
1 Stück Zimtstange
30 g Speisestärke
4 Eßlöffel Zucker
1 Prise Salz
$1/4$ l Apfelwein
Saft einer halben Zitrone
100 g Suppenmakronen

Grünkernsuppe

Zutaten für 4 Personen

100 g Grünkernschrot
2 Eßlöffel kaltes Wasser
1 l heiße Fleischbrühe
(selbstgekocht oder aus
Würfeln)
Salz
weiße Pfeffer
1 Eigelb
4 Eßlöffel Sahne

Grünkern oder Grünkorn ist das unreif geerntete Korn des Dinkels. Die Abart des Weizens wird hauptsächlich in Süddeutschland angebaut. Die Körner werden getrocknet, enthülst und entspitzt. Man kann grießartigen Grünkern oder Grünkernmehl, Grünkernschrot in Päckchen kaufen.

Grünkernschrot in einer Schüssel mit dem kalten Wasser verquirlen. Fleischbrühe in einem Topf aufkochen. Grünkern unter Rühren reingeben. 20 Minuten leicht kochen lassen. Mit Salz und Pfeffer abschmecken.

Eigelb mit wenig warmer Suppe und Sahne verquirlen. In die Suppe rühren. Nicht mehr kochen.

Mehlsuppe

Zutaten für 4 Personen

40 g Butter
50 g Mehl
1/2 l kräftige Rinderbrühe
1 geriebene Zwiebel
Salz
Zucker
Muskatnuß
3 Eßlöffel Sahne oder Crème
fraîche
1/2 Glas Rotwein
4 Scheiben Kastenweißbrot

Mehlsuppe schmeckt gut, obwohl ihr Name nicht so appetitanregend ist.

Die Butter erhitzen, dann Mehl reinstreuen und darin gleichmäßig bräunen. Mit der Fleischbrühe aufgießen. 7 Minuten kochen. Nebenbei immer wieder umrühren, damit die Suppe nicht anbrennen kann.

Geriebene Zwiebel reingeben. Mit Salz, Zucker und Muskat abschmecken. Sahne und Rotwein erst kurz vorm Servieren zugießen.

Die Weißbrotscheiben toasten, in 4 Suppenteller legen und die Suppe darüberfüllen.

Badische Kartoffelsuppe

Kartoffeln schälen und waschen. In einer Schüssel mit Wasser bedeckt beiseite stellen.
Zwiebeln schälen und hacken. Lauch putzen, unter fließendem Wasser abspülen, abtropfen lassen und in Ringe schneiden. Speck klein würfeln und in einem Topf auslassen. Zwiebeln und Lauch reingeben und in 5 Minuten glasig braten. Fleischbrühe drübergießen. Mit Salz und Pfeffer würzen. Kartoffeln abtropfen lassen und in 2 cm große Würfel schneiden. In die Brühe geben. Möhre schälen, unter fließendem Wasser abspülen. In 1/2 cm dicke, 2 cm lange Stifte schneiden.

Zutaten für 4 Personen

750 g Kartoffeln
2 Zwiebeln
1 Stange Lauch
50 g geräucherter fetter Speck
1 l heiße Fleischbrühe (selbstgekocht oder aus Würfeln)
Salz
weißer Pfeffer
1 Möhre
1 l Wasser
75 g durchwachsenen Speck
1 Bund Schnittlauch

In die Suppe geben. Alles zugedeckt 45 Minuten kochen lassen.
Den Speck in kleine Würfel schneiden und in einer Pfanne knusprig braten. Schnittlauch abspülen, mit Haushaltspapier trockentupfen und sehr fein schneiden. Suppe in Suppentellern anrichten. Mit Speckwürfeln und Schnittlauch bestreuen.

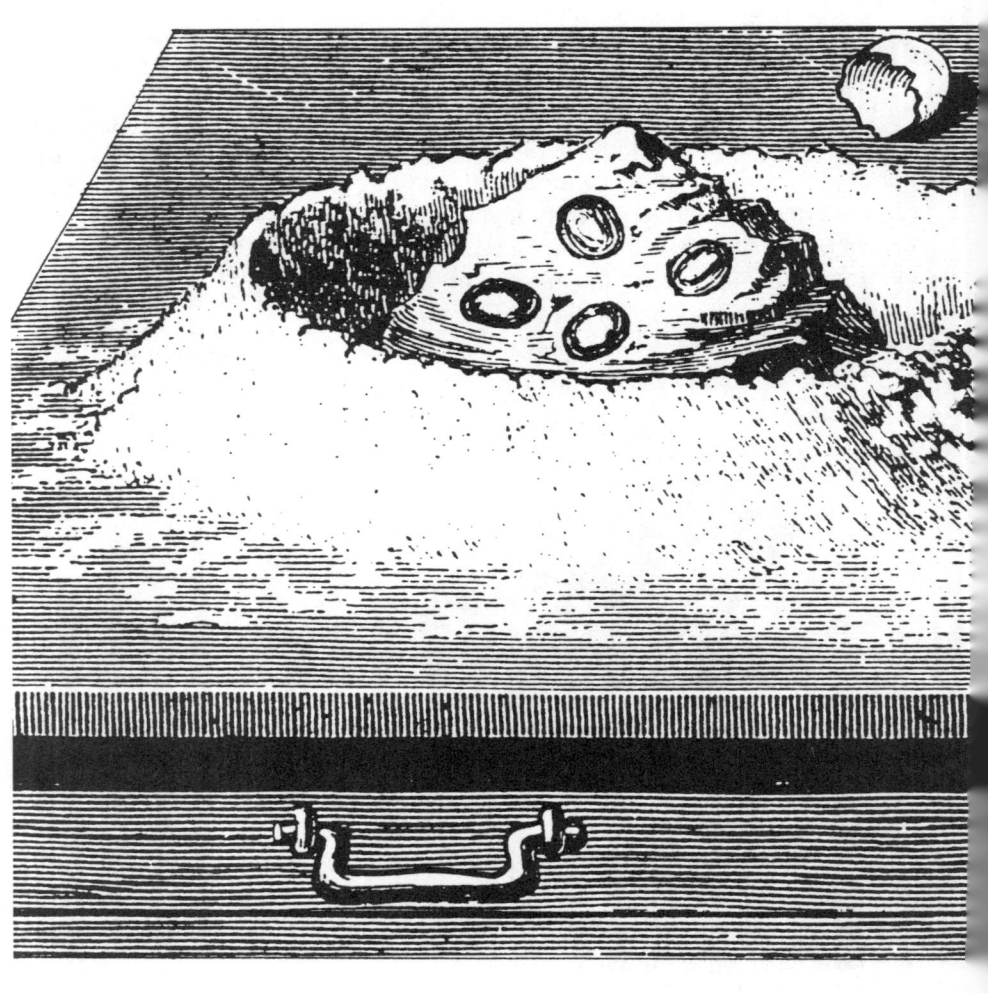

Flädle, Spätzle & Co

Schupfnudeln

Zutaten für 4 Personen

1 kg Pellkartoffeln
Salz
1/2 Teelöffel geriebene
Muskatnuß
1 Ei
150 g Mehl
Mehl zum Formen
30 g Butter oder Margarine

Schupfnudeln, fingerförmige Kartoffelnudeln, sind eine Spezialität aus Baden und Württemberg, die aber auch in der Pfalz und im Saarland bekannt ist.

Die am Vortag gekochten und geschälten Pellkartoffeln in eine Schüssel reiben. Mit Salz, Muskatnuß, Ei und Mehl zu einem festen Teig kneten. Diesen auf ein bemehltes Backbrett legen. Dann kleine Rollen von knapp 1 cm Durchmesser formen, die in 4 cm lange Stücke geschnitten werden. In einem geräumigen Topf reichlich Salzwasser zum Kochen bringen. Die Schupfnudeln reingeben und in 10 Minuten gar ziehen lassen.

Nudeln gut abtropfen lassen. 30 g Butter oder Margarine in einer Pfanne erhitzen. Die Hälfte der Nudeln reingeben und in 10 Minuten goldbraun braten. Dabei immer wieder vorsichtig wenden. Die Nudeln rausnehmen und auf einer vorgewärmten Platte so lange warm stellen, bis die restlichen Schupfnudeln fertig sind.

Wozu reichen? Als Beilage zu Schweine-, Rinder- oder Wildbraten. Schupfnudeln schmecken aber auch mit Speck gebraten oder mit Käse überbacken als Mittag- oder Abendessen. Dann servieren Sie dazu eine große Schüssel mit Kopfsalat oder gemischtem Salat.

Gratinierte Eierkuchen mit Fleischragout

Für die Eierkuchen Mehl und Salz in einer Schüssel vermischen. Unter ständigem Rühren Eier und Milch hinzufügen.
In einer mittelgroßen Pfanne wenig Butter erhitzen und nacheinander 8 Eierkuchen backen.
Für die Füllung die geschälte Zwiebel fein hacken. Das Öl in einer Pfanne erhitzen und die Zwiebel darin anbraten. Das Fleisch mit den Gewürzen sowie die Pilze hinzufügen und von allen Seiten braun braten. Das Tomatenmark und die mit dem Mehl verquirlte Sahne darübergießen und 5 Minuten durchkochen lassen. Mit Salz abschmecken.
Den Backofen nur bei Oberhitze auf 220 Grad vorheizen. Eine feuerfeste Form ausbuttern.
Das Fleischragout auf die Eierkuchen verteilen und diese aufrollen. Nebeneinander auf die Platte legen, mit Käse bestreuen und 10 Minuten auf der oberen Schiene im Ofen gratinieren.
Beilage: Selleriesalat

Für ein kleines Abendessen kann man auch die Hälfte der Eierkuchen mit Ragout und die andere mit Spargeln oder Erbsen füllen.

Zutaten für 4 Personen

Eierkuchen:
8 Eßlöffel Weizenmehl
$1/2$ Teelöffel Salz
4 Eier
$1/2$ l Milch oder Wasser
Butter zum Backen und zum Bestreichen der Platte
Füllung:
1 kleine Zwiebel
3 Eßlöffel Öl
150 g Beefsteakhackfleisch
50 g Schweinehackfleisch
Paprikapulver
1 Stück Ingwerwurzel, fein gehackt
20 g getrocknete Pilze, eingeweicht
2 Eßlöffel Tomatenmark
20 g Mehl
125 g Sahne
Salz
frischgeriebener Parmesan zum Bestreuen

Zwiebelkuchen

Für den Hefeteig:
250 g Mehl
15 g Hefe
1/8 l lauwarme Milch
je 1 Prise Zucker und Salz
50 g Butter
Für den Belag:
1 kg Zwiebeln
150 g durchwachsener Speck
1 Eßlöffel Butter
2 Eßlöffel Sonnenblumenöl
125 g saure Sahne
3 Eier
1 Eßlöffel Kümmel
Salz
schwarzer Pfeffer

Das Mehl in eine hohe Schüssel geben und in der Mitte eine kleine Mulde formen. Die Hefe zerbröckeln und mit etwas Milch, einer Prise Zucker und Salz in die Mulde geben und mit etwa 3 Eßlöffel Mehl zu einem Vorteig vermischen. Den Teig zugedeckt an einem warmen Ort 15 Minuten gehen lassen.

Nun den Vorteig mit dem restlichen Mehl und der übrigen Milch etwas vermengen und zum Schluß die zerlassene Butter hinzugeben. Den Teig so lange durchkneten, bis er Blasen wirft und sich leicht von der Schüssel löst.

Ein Backblech gut einfetten, den Teig darauf etwa 1/2 cm dick ausrollen und mit einer Gabel einige Male einstechen. Den Teig am Rand etwas hochziehen und festdrücken. Mit einem Tuch bedecken und 45 Minuten gehen lassen.

Für den Belag die Zwiebeln schälen und in dünne Scheiben, den Speck in feine Würfel schneiden. Butter bei schwacher Hitze in einer Pfanne zerlassen, das Sonnenblumenöl zufügen und die Zwiebelscheiben bei schwacher Hitze zugedeckt 10 Minuten dünsten, nicht bräunen. Anschließend abkühlen lassen.

Die Sahne mit den Eiern verquirlen, den Kümmel dazugeben und mit Salz und Pfeffer würzen.

Die abgekühlten Zwiebelscheiben auf dem Teig verteilen, die Sahne-Eier-Masse darübergießen, die Speckwürfel drüberstreuen und den Zwiebelkuchen auf der mittleren Schiene in den auf 200 Grad vorgeheizten Backofen geben und 40–45 Minuten garen. Sofort servieren.

Grünkern-Bratlinge

as Fett in einem Kochtopf erhitzen und die
Zwiebelwürfel darin glasig braten. Den
Grünkerngrieß unterrühren und mit der Gemüsebrühe aufgießen. Zugedeckt bei schwacher Hitze
etwa 15–20 Minuten ausquellen lassen, dabei gelegentlich umrühren. Die Masse etwas abkühlen
lassen.
Dann das Ei, Senf, Käse und Kräuter hinzufügen
und mit Salz und Pfeffer würzig abschmecken.
Falls die Masse noch zu weich ist, geriebenen
Vollkorntoast untermischen.
Aus dem Grünkernteig 8 kleine Laibchen formen.
Das Öl in einer beschichteten Pfanne erhitzen und
die Bratlinge bei mittlerer Hitze auf jeder Seite
etwa 4 Minuten braten. Mit Knoblauchjoghurt
oder einer Tomatensoße und grünem Salat
servieren.

Zutaten für 4 Personen

20 g Butter oder Margarine
1 Zwiebel, gehackt
150 g Grünkerngrieß
0,2 l Gemüsebrühe
(aus Extrakt)
1 Ei
1 Teelöffel Kräutersenf
2 Eßlöffel geriebener Hartkäse
z. B. mittelalter Gouda
1 Eßlöffel gehackte Kräuter
(Petersilie, Estragon,
Basilikum, Kerbel)
Salz
schwarzer Pfeffer
evtl. 1 Eßlöffel
Vollkorntoastbrösel
2 Eßlöffel Öl zum Braten

Kratzete

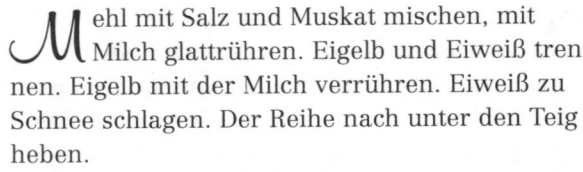

Zutaten für 4 Personen

250 g Mehl
Salz
Muskat
1/4 l Milch
3 Eier
1/8 l Milch
Butter oder Margarine zum
Braten

Mehl mit Salz und Muskat mischen, mit Milch glattrühren. Eigelb und Eiweiß trennen. Eigelb mit der Milch verrühren. Eiweiß zu Schnee schlagen. Der Reihe nach unter den Teig heben.

Butter oder Margarine in einer Pfanne erhitzen. 1 Schöpflöffel Teig hineingeben. Einen Eierkuchen auf beiden Seiten goldgelb backen. Mit dem Wender zerreißen. Die Stücke leicht braun werden lassen. Warm stellen. Mit dem restlichen Teig ebenso verfahren.

Beilage: Chicorée-Tomaten- oder Endiviensalat.

Sie können auch nur einen dicken Pfannkuchen backen und ihn ganz schnell mit zwei Gabeln zerreißen. Kratzete schmeckt zu Spargel, Waldpilzen, aber auch zu Kirschkompott.

Flädle überbacken

Diese Flädle sind etwas Besonderes: Gefüllte, überbackene, dünne Eierkuchen.

Mehl für den Teig in eine Schüssel geben, aufgeschlagene Eier und Salz reinrühren, mit Milch aufgießen und einen halbflüssigen Teig zubereiten. Öl in der Pfanne erhitzen und darin sechs dünne Eierkuchen backen. Garzeit: Auf jeder Seite etwa 2 Minuten.

Inzwischen das Apfelmus im offenen Topf bei kleiner Hitze 10 Minuten kochen lassen. Gewaschene Rosinen reingeben. Auf die Eierkuchen verteilen, aufrollen und mit einem scharfen Messer halbieren. Feuerfeste Form mit Margarine einfetten. Gefüllte Flädle aufrecht reinsetzen.

Für den Guß das Ei mit Zucker, Salz und Milch verquirlen. Mit den blättrigen Mandeln mischen und über die Flädle verteilen. Mit Butterflöckchen besetzen und in den vorgeheizten Ofen auf die mittlere Schiene schieben. Etwa 40 Minuten bei 220 Grad backen. Aus dem Ofen nehmen und sofort servieren.

Wann reichen? Zu Mittag. Das Gericht ist sehr sättigend. Reichen Sie vorweg nur eine leichte Suppe.

Zutaten für 4 Personen

Für den Teig:
150 g Mehl
2 Eier
1 Prise Salz
1/4 l Milch
Zum Backen:
6 Eßlöffel Öl
Zum Füllen:
1 Glas Apfelmus (450 g)
100 g Rosinen
Margarine zum Einfetten
Für den Guß:
1 Ei
2 Eßlöffel Zucker
1 Prise Salz
1/4 l Milch
50 g blättrige Mandeln
20 g Butter

 Fleischreste kann man gewürfelt in Eierkuchenteig mischen, der mit Bier statt mit Milch angerührt wird. Eventuell noch eine Zwiebel reinreiben. Und gehackte Petersilie beigeben. Davon in heißem Fett in der Pfanne Eierkuchen backen.

Spätzle

Zutaten für 4 Personen

Für den Teig:
500 g Mehl
Salz
4 Eier
¹/₄ l Wasser
Zum Kochen:
2 l Wasser
Salz
Außerdem:
50 g Butter

Heute kann man sich die badische und schwäbische Küche nicht mehr ohne Spätzle vorstellen. Es gehört einfach dazu, daß jede Hausfrau ihr eigenes überliefertes Rezept hat, das von Generation zu Generation weitergegeben wird. Selbstverständlich werden die Spätzle auf dem Spätzlebrett geschabt. Wer keins hat und es vor allen Dingen einfacher haben will, nimmt eine Spätzlepresse. Die gibt's in Haushaltswarengeschäften.

Für den Teig Mehl in eine Schüssel geben. In die Mitte eine Mulde drücken. Salz, Eier und Wasser hinzufügen. Glatten Teig rühren. 30 Minuten quellen lassen.

Wasser mit Salz in einem großen Topf aufkochen. Spätzleteig eßlöffelweise auf dem mit kaltem Wasser abgespülten Spätzlebrett glattstreichen. Mit einem Spätzleschaber (oder Messer) Spätzle ins kochende Wasser schaben. 5 Minuten kochen lassen. Dabei gelegentlich umrühren.

Spätzle im Sieb mit kaltem Wasser abschrecken. Gut abgetropft in eine Schüssel geben. Butter in einer Pfanne bräunen. Über die Spätzle gießen und servieren.

Wozu reichen? Zu Geschnetzeltem, Wildgerichten oder Sauerbraten.

Spätzle können auch in Fleischbrühe gegart werden. Dann schmecken sie herzhafter.

Flammenkuchen

lammenkuchen stammt aus dem Elsaß und
ist so beliebt, daß er in vielen Gasthäusern
in Spezialbacköfen gebacken wird. Dünner,
knuspriger Hefeteig mit dickem Rand und mit viel
Rahmbelag – so muß er sein. Rahmkuchen,
Datschkuchen oder Zwiebel-Dünne wird er auch
genannt. Früher wurde diese Köstlichkeit aus
Brotteigresten vom Brotbacken hergestellt. Sie
können Flammenkuchen als Fladen backen oder
wie in diesem Rezept gleich ein ganzes Backblech
belegen.

Mehl mit Zucker und Salz in einer Schüssel vermischen. In die Mitte eine Mulde drücken, Hefe
hineinbröckeln und mit der Hälfte der Milch verrühren. 20 Minuten zugedeckt ruhen lassen. Die
restliche Milch zugeben und alles zu einem glatten, geschmeidigen Teig verkneten. Den Teig
schlagen, bis er sich vom Schüsselboden löst.
Zugedeckt 30–50 Minuten gehen lassen.

In dieser Zeit die saure Sahne mit etwas Salz verrühren. Speck in feine Würfel schneiden. Zwiebeln
schälen und in feine Scheiben schneiden.

Den Teig sehr dünn ausrollen, etwa messer-
rückendick, und auf ein gefettetes Backblech
legen. Einen wulstigen Rand formen. Den Teig mit
der sauren Sahne bestreichen, mit Speck und
Zwiebeln bestreuen. Mit Pfeffer aus der Mühle
drübermahlen. Blech in den vorgeheizten
Backofen auf die mittlere Schiene schieben. Backzeit 15–20 Minuten bei 220 Grad. Noch heiß zu
einem Glas Weißwein servieren.

Zutaten für 4 Personen

250 g Mehl
20 g Hefe
1 Prise Zucker
1/4 Teelöffel Salz
1/8 l lauwarme Milch
Für den Belag:
300 g dicke saure Sahne
Salz
125 g durchwachsener Speck
3 mittelgroße Zwiebeln
(ca. 250 g)
weißer Pfeffer

Lauch-Schinken-Pastete

Für die Füllung:
500 g Lauch
$1/4$ l Wasser
Salz
100 g durchwachsener Speck
150 g gekochter Schinken
3 Eier
$1/8$ l saure Sahne
4 Eßlöffel Sahne
weißer Pfeffer
geriebene Muskatnuß
Für den Teig:
125 g Mehl
$1/2$ Teelöffel Backpulver
Salz
$1/2$ Teelöffel Senfpulver
je eine Prise Estragon,
Zitronenmelisse und Minze
(alles getrocknet)
100 g geriebener Chester
oder Emmentaler Käse
1 Zwiebel
1 Ei
2 Eßlöffel Milch
35 g Butter oder Margarine
Margarine zum Einfetten

Für die Füllung Lauch putzen. Längs halbieren und unter kaltem Wasser gründlich waschen. Abtropfen lassen. In etwa 1 cm lange Stücke schneiden. Wasser mit Salz in einem Topf aufkochen. Lauch reingeben. 5 Minuten kochen lassen. Auf ein Sieb geben. Abtropfen und erkalten lassen.

Speck erst in dünne Scheiben und dann in etwa 1 cm breite Streifen schneiden. In einer Pfanne hellgelb ausbraten. Auch abkühlen lassen. Gekochten Schinken auch in 1 cm breite Streifen schneiden. Zum Speck geben. Eier in einem Becher mit Sahne, Salz, Pfeffer und Muskat verschlagen. Beiseite stellen.

Für den Teig Mehl auf die Arbeitsfläche geben, mit Backpulver mischen. In die Mitte eine Mulde drücken. Salz, Senfpulver, die Kräuter und den geriebenen Käse reingeben. Zwiebel schälen und sehr fein hacken oder reiben. Mit Ei und Milch in die Mulde geben. Butter oder Margarine in Flöckchen auf dem Mehlrand verteilen. Von außen nach innen schnell einen glatten Teig kneten. Eine Springform mit einem Durchmesser von 26 cm mit Margarine einfetten. Teig reingeben. Gleichmäßig auf dem Boden verteilen und einen hohen Rand formen. Kalten Lauch mit Speck und Schinken mischen. Auf dem Teigboden verteilen. Die Eier-Sahne-Masse drübergießen. In den vorgeheizten Ofen auf die untere Schiene stellen. 45 Minuten bei 200 Grad backen.

Rausnehmen, in 12 Stücke schneiden. Warm servieren.

Fischtorte

Für den Teig das Mehl in eine Schüssel geben und mit dem Salz vermischen. Die Butter in Flöckchen und das Wasser hinzugeben. Mit den Händen schnell zu einem glatten Teig verkneten – die Butter soll vollständig mit dem Mehl vermischt sein. Zu einer Kugel geformt in Folie hüllen und für 2 Stunden in den Kühlschrank geben.

Für den Belag den Räucherfisch mit der Milch und 1/8 l Wasser bedeckt kurz aufkochen lassen, dann abgießen und den Sud auffangen. Den abgetropften Fisch häuten, entgräten und in Stücke zerpflücken. Eier, Sahne und 1/8 l Fischsud verquirlen und mit Salz, Pfeffer und Muskatnuß würzen.

Den Backofen auf 200 Grad vorheizen. Eine Quiche- oder Springform von 24 cm Durchmesser einfetten.

Den Teig auf einem bemehlten Brett etwas größer als die Form ausrollen und Boden und Rand der Form sorgfältig damit auslegen. Die Fischstücke auf den Tortenboden geben und mit der Eiersahne übergießen. Mit Butterflöckchen besetzen. Die Torte auf die mittlere Schiene in den Backofen stellen und in 30–40 Minuten goldgelb backen. Die Fischtorte etwas auskühlen lassen und dann servieren.

Beilage: Ein knackiger Blattsalat.

Zutaten für 4–6 Personen

Teig:
250 g Weizenmehl
1/2 Teelöffel Salz
125 g Butter
4 Eßlöffel eiskaltes Wasser
Belag:
150 g Räucherfisch
(Forelle, Heilbutt)
1/8 l Milch
Salz
3 Eier
125 g Sahne
schwarzer Pfeffer
aus der Mühle
frischgeriebene Muskatnuß
Außerdem:
Fett für die Form
Mehl zum Ausrollen
40 g Butter zum Belegen

Spätzle geröstet

Zutaten für 4 Personen

Für den Teig:
500 g Mehl
Salz
4 Eier
¹/₄ l Wasser
Zum Kochen:
2 l Wasser
Salz
Außerdem:
50 g Butter
4 Eier
3 Eßlöffel Sahne
Salz
weißer Pfeffer

Für den Teig Mehl in eine Schüssel geben. In die Mitte eine Mulde drücken. Darein Salz, Eier und Wasser geben. Von der Mitte her einen glatten Teig rühren. 30 Minuten stehen lassen, damit das Mehl ausquellen kann.

Wasser mit Salz in einem großen Topf aufkochen. Spätzleteig portionsweise auf einem mit kaltem Wasser abgespülten Spätzlebrett glattstreichen. Mit dem Messer Spätzle ins kochende Wasser schaben (oder durch die Spätzlepresse drücken). 5 Minuten kochen lassen. Hin und wieder umrühren.

In dieser Zeit Butter in einer Pfanne erhitzen. Spätzle mit dem Schaumlöffel aus dem Wasser heben, abtropfen lassen und in die Pfanne geben. 5 Minuten braten.

Eier mit Sahne, Salz und Pfeffer in einer Schüssel verquirlen. Über die Spätzle gießen. In 2 Minuten stocken lassen. Auf eine große vorgewärmte Platte stürzen und servieren.

Beilage: Feld-, Kopf- oder Endiviensalat.

Spätzle immer erst aus dem Kochwasser nehmen, wenn sie an die Oberfläche steigen. Dann sind sie richtig gar.

Nudle

Das Mehl auf ein Backbrett sieben und in die Mitte eine Mulde drücken.

Die Eier in einer Schüssel verquirlen und salzen, mit dem Olivenöl in die Mulde gießen und das Mehl vom Rand her mit den Fingerspitzen nach und nach dazumischen. Den Teig gut durchkneten, bis er geschmeidig und glatt ist. Eine gute halbe Stunde, in ein feuchtes Tuch oder Klarsichtfolie eingepackt, ruhen lassen.

Den Teig in zwei Stücke teilen und auf einer bemehlten Arbeitsfläche dünn ausrollen. Die Teigplatten dann mit einem scharfen Messer und mit Hilfe eines großen Lineals in schmale oder breite Streifen schneiden. Die Nudeln mit etwas Mehl bestäuben, locker vermischen und bis zum Verbrauch antrocknen lassen. Dann in reichlich kochendem Salzwasser mit einem Eßlöffel Öl in wenigen Minuten bißfest kochen. Abtropfen lassen und in Butter schwenken.

Zu Sauerbraten, Rehragout oder Huhn in Weißwein reichen.

Zutaten für 4 Personen

450 g Mehl
4 Eier
1 Prise Salz
2 cl Olivenöl

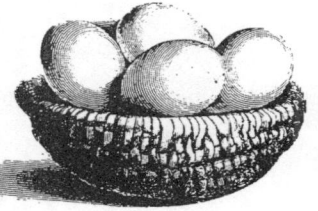

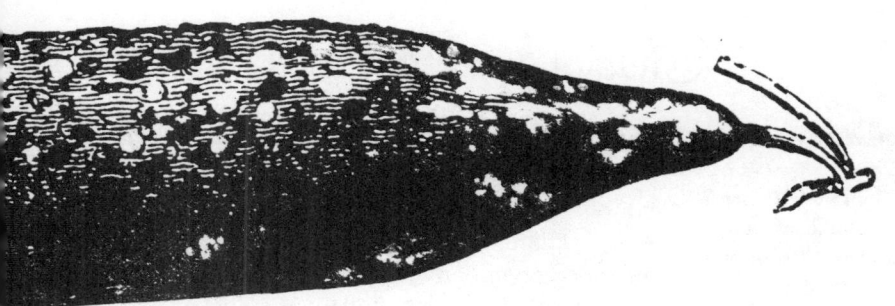

Gemüse und Pilze

Champagnerkraut

Zutaten für 4 Personen

1 Eßlöffel Butter
50 g Rauchspeck
1 Glas trockener Weißwein
1 kleine Zwiebel
3 Gewürznelken
750 g Sauerkraut
1 Prise Zucker
Salz
1 Piccolo Sekt oder
Champagner oder
0,2 l weißer Burgunder

Butter in einer Kasserolle erhitzen. Speck klein würfeln und darin hell anbraten. Mit dem Wein ablöschen und ein wenig einkochen. Zwiebel schälen, mit Nelken spicken und in die Weinsoße geben. Sauerkraut auspressen, zerzupfen und in die Kasserolle füllen. Mit Zucker und Salz würzen, gut durchmischen und 15 Minuten dünsten.
Zwiebel herausnehmen, das Kraut mit Sekt oder Champagner übergießen und gleich servieren.

 Champagner-Kraut ist eine feine Beilage zu Rebhuhn, Fasan oder gebratenem Wild. Statt des Zuckers kann man auch eine Handvoll Rosinen mitdünsten oder kurz vor dem Sekt frische Trauben ins Kraut geben.

Gebackene Schwarzwurzeln

M ehl sieben, mit dem Wein zu einem glatten Teig verrühren und 1 Stunde ruhen lassen. Schwarzwurzeln waschen, schälen, in 5 cm lange Stücke schneiden und in Salzwasser mit 1 Eßlöffel Zitronensaft in 15 Minuten knapp weich kochen. Im Sud erkalten lassen.

Eigelb mit dem Zitronensaft und dem Senf am besten im Mixer verrühren. Das Öl nach und nach hinzufügen. Kräuter und Quark dazugeben, mit Salz, Pfeffer und Worcestersoße abschmecken.

Eiweiß mit 1 Prise Salz steif schlagen und unter den Teig ziehen.

Öl in einer Friteuse auf 180 Grad erhitzen. Wurzeln abtropfen lassen, durch den Teig ziehen und im heißen Öl schwimmend nicht zu dunkel ausbacken. Gut abtropfen und auf Küchenkrepp legen.

Auf einer flachen Platte anrichten, mit Zitronenvierteln garnieren und mit der Soße servieren. Wozu reichen? Zu Steaks oder Schweinebraten.

Zutaten für 6 Personen

Teig:
150 g Weizenmehl
0,2 l Apfelwein
2 Eiweiß
Salz
1 kg Schwarzwurzeln
1 Eßlöffel Zitronensaft
Soße:
2 Eigelb
2 Eßlöffel Zitronensaft
$1/2$ Teelöffel Dijonsenf
1 Eßlöffel Öl
4 Eßlöffel gehackte Kräuter
100 g Quark
Pfeffer aus der Mühle
Worcestersoße
Öl für die Friteuse

Kastanienpüree

Zutaten für 4 Personen

---

500 g Eßkastanien (Maronen)
30 g Butter
1 Eßlöffel Zucker
1/8 l Fleischbrühe
6 Eßlöffel Milch
100 g Sahne
1 Glas (2 cl) Madeira
Salz
Saft einer Zitrone

Kastanienpüree ist eine ideale Beilage zu Wild- und Wildgeflügel-Gerichten, wie zum Beispiel Hasenbraten, Rehrücken oder Hirsch, Fasan oder Wildente.

Kastanien oben kreuzweise einschneiden. Auf einem Backblech in den vorgeheizten Ofen auf die mittlere Schiene schieben. So lange rösten, bis sich die Schalen nach außen biegen. Etwa 10 Minuten bei 250 Grad.

Kastanien schälen. Auch die Innenhaut abziehen. Butter und Zucker in einem Topf erhitzen. Kastanien reingeben und unter Rühren 10 Minuten rundherum karamelisieren lassen.

Fleischbrühe und Milch dazugießen, aufkochen lassen. Kastanien bei schwacher Hitze in 30 Minuten weichkochen. Im Mixer pürieren oder durch ein Sieb in eine Schüssel passieren.

Sahne steif schlagen. Mit Madeira mischen und unter das Püree heben. Mit Salz und Zitronensaft abschmecken.

Rotkohl mit Kastanien

$\mathcal{V}$om Rotkohl äußere welke Blätter entfernen, Kohl vierteln, Strunk rausschneiden, Viertel abspülen, abtropfen lassen und in feine Streifen schneiden oder hobeln.

Speck in Würfel schneiden. Im Topf in 3 Minuten auslassen. Geschälte, gewürfelte Zwiebeln darin in 3 Minuten andünsten. Schweineschmalz oder Gänsefett zugeben. Erhitzen. Rotkohl reingeben und andünsten.

Mit Rotwein und heißer Fleischbrühe aufgießen. Mit Salz, Pfeffer und gemahlenen Nelken würzen. Umrühren. Bei mittlerer Hitze in 90 Minuten garen. In der Zwischenzeit Backofen auf 240 Grad vorheizen. Die Kastanien waschen, trockenreiben, mit einem spitzen Messer die Schale einschneiden. Auf einem Backblech in den vorgeheizten Ofen auf die mittlere Schiene schieben und backen, bis die Schalen platzen. Das dauert 8–10 Minuten.

Kastanien rausnehmen, Schalen entfernen und Kastanien in einen Topf geben. Milch und so viel Wasser draufgießen, daß die Kastanien bedeckt sind. Topf in den vorgeheizten Ofen stellen, bis die Kastanien gar sind. Etwa 40 Minuten bei 240 Grad garen.

Kastanien rausnehmen, auf ein Sieb geben und abtropfen lassen, Kastanien halbieren. Warm stellen. Den fertig gegarten Rotkohl mit Weinessig abschmecken. Kastanien untermischen. Sofort servieren.

Wozu reichen? Zu Schweine- und Gänsebraten, aber auch zu Fasan oder Perlhuhn.

Zutaten für 4 Personen

1 kg Rotkohl
125 g geräucherter durchwachsener Speck
2 Zwiebeln
40 g Schweineschmalz oder Gänsefett
je $1/8$ l Rotwein und heiße Fleischbrühe
Salz
schwarzer Pfeffer
1 Prise gemahlene Nelken
Außerdem:
300 g Eßkastanien (Maronen)
$1/8$ l Milch
$1/16$ l Wasser zum Auffüllen
2 Eßlöffel Weinessig

Kartoffeln mit Äpfeln

Zutaten für 4 Personen

750 g Kartoffeln
1 l Wasser
Salz
500 g Apfelmus aus dem Glas
1 Teelöffel Zucker
2 Zwiebeln
125 g durchwachsener Speck
Essig nach Geschmack

In Baden nennt man dieses Gericht Grumbire mit Schnitz.

Kartoffeln schälen, waschen. In einem Topf mit gesalzenem Wasser auf den Herd stellen. Vom Kochen an in 20 Minuten garen. Abgießen. Trockendämpfen. Noch heiß durch eine Presse in einen Topf geben. Apfelmus zuschütten und die Masse mit einem Schneebesen schaumig rühren. Topf auf den Herd stellen. Masse bei geringer Temperatur erhitzen. Zucker zugeben. Geschälte Zwiebeln und den Speck fein würfeln. Beides in einer Pfanne goldgelb braten. In die Kartoffel-Apfelmus-Masse rühren. Nach Geschmack mit Essig würzen. Mit Salz abschmecken.

 Sie können für dieses Gericht natürlich auch frische Äpfel verwenden. Dafür die Äpfel schälen, entkernen und in Scheiben schneiden. Diese langsam mit etwas Zucker garen, sie sollen aber nicht zerfallen. Dann schichtweise Kartoffelstücke und Apfelschnitze in eine Form geben und mit Butter übergießen. Im Backofen fertig garen.

Mangoldgemüse

Den Mangold waschen und an den Enden abschneiden. Die Blätter großzügig von den Stengeln schneiden oder zupfen. Die Stengel in 1 cm breite Streifen schneiden.
Die Butter in einer breiten Pfanne erhitzen. Die Stengelstreifen zufügen und zugedeckt 8 Minuten bei schwacher Hitze dünsten.
Den Knoblauch schälen und durch die Presse auf die Stengel drücken. Die Blätter untermischen, salzen, pfeffern und mit Cayennepfeffer würzen.
Die Crème fraîche und Essig zufügen, umrühren und einmal aufwallen lassen.
Beilage zu verlorenen Eiern, dazu Kartoffelpüree mit viel Schnittlauch. Auch zu Parmaschinken oder kaltem Roastbeef.

Das Gemüse können Sie noch mit goldgelb gerösteten Pinienkernen oder mit geriebenem Parmesan bestreuen.
Das Mangoldgemüse ist warm oder kalt eine schöne Vorspeise.

Zutaten für 4 Personen

750 g Mangold
2 Eßlöffel Butter
3 Knoblauchzehen
Salz
schwarzer Pfeffer
1 Msp. Cayennepfeffer
4 Eßlöffel Crème fraîche
1 Eßlöffel Rotweinessig

Morcheln mit Sahne

Zutaten für 4 Personen

**500 g frische oder 50 g
getrocknete Morcheln
60 g Butter
Salz
schwarzen Pfeffer
Saft von einer halben Zitrone
250 g Sahne oder
200 g Crème fraîche
2 Eßlöffel Cognac**

Getrocknete Morcheln 1 Stunde einweichen, frische Morcheln 5 Minuten in kaltes Wasser legen. Die Pilze einzeln unter fließendem Wasser sehr gründlich waschen, denn unter dem runzeligen Pilzhut setzt sich Sand fest.

Große Morcheln halbieren oder vierteln. Mit Küchenpapier vorsichtig abtrocknen. Das Einweichwasser von getrockneten Morcheln durch ein feines Sieb geben.

Die Butter in einem Schmortopf zerlassen und die Pilze hineingeben. Mit Salz, Pfeffer und Zitronensaft würzen. Bei leichter Hitze unter gelegentlichem Umrühren 10 Minuten schmoren lassen.

Etwas Sahne und, soweit man getrocknete Morcheln verwendet, auch das Einweichwasser an die Pilze geben und die Flüssigkeit einkochen lassen. Den Cognac und die restliche Sahne hinzugießen und köcheln lassen, bis eine dicke, cremige Soße entsteht.

Beilage zu Filetsteak, Kalbsschnitzel oder Lammfilet (das halbe Rezept) oder in fertig gekaufte Blätterteigpasteten füllen.

Pfifferlinge mit Kratzete

Pfifferlinge putzen. Unter fließendem kaltem Wasser abspülen und auf einem Sieb abtropfen lassen. Große Pilze halbieren. Wasser mit Salz in einem Topf aufkochen. Pfifferlinge reingeben. 3 Minuten kochen und abgießen.
Zwiebeln schälen und fein hacken. Butter in einem Topf erhitzen. Abgetropfte Pilze und Zwiebeln reingeben. Mit Salz und weißem Pfeffer würzen. 5 Minuten braten. Petersilie unter kaltem Wasser abspülen. Mit Haushaltspapier trockentupfen. Fein hacken und zu den Pfifferlingen geben. Weitere 5 Minuten schmoren lassen.
In der Zwischenzeit Mehl, Eigelb, saure Sahne und Milch in einer Schüssel verschlagen. Mit Salz und Pfeffer kräftig würzen. Eiweiß in einer anderen Schüssel steif schlagen. Zur Eigelbmasse geben. Unterrühren. Pfifferlinge auch zugeben. Etwas Butter oder Margarine in einer Pfanne erhitzen. Einen Schöpflöffel Teig reingeben. Auf beiden Seiten in 4 Minuten goldgelb werden lassen. Mit dem Bratenwender zerreißen. Die Stücke in 2 Minuten hellbraun werden lassen. Auf eine vorgewärmte Platte geben. Warm stellen bis alles fertig ist. Dann sofort servieren.
Wann reichen? Als leichtes Mittag- oder Abendessen.

Zutaten für 4 Personen

500 g frische Pfifferlinge
2 l Wasser
Salz
2 Zwiebeln
30 g Butter
weißer Pfeffer
1 Bund Petersilie
Für den Teig:
150 g Mehl
6 Eigelb
$1/8$ l saure Sahne
$1/4$ l Milch
Salz
weißer Pfeffer
6 Eiweiß
40 g Butter oder
Margarine zum Braten

Blumenkohl Rastätter Art

Zutaten für 4 Personen

1 großer Blumenkohl
Salz
Margarine zum Einfetten
500 g gekochte Kartoffeln
150 g gekochter Schinken
1 Bund gehackte Petersilie
Für die Soße:
40 g Butter oder Margarine
2 große Zwiebeln
40 g Mehl
$1/4$ l Milch
$1/4$ l Fleischbrühe aus
Würfeln
Salz
1 Teelöffel Paprika edelsüß
4 Eßlöffel Sahne
2 Eigelb
100 g geriebener Käse

Diese badische Spezialität wurde in Rastatt erfunden. Sie hat viel Ähnlichkeit mit der Schweizer Art.

Blumenkohl waschen. Putzen. 30 Minuten in kaltes Salzwasser legen. In frischem, leicht gesalzenem Wasser 15 Minuten kochen. In eine gefettete Auflaufform geben. Gekochte Kartoffeln in dicke Scheiben schneiden. Um den Blumenkohl legen. Darauf gewürfelten Schinken und die gehackte Petersilie.

Für die Soße das Fett erhitzen. Geschälte, gewürfelte Zwiebeln darin goldgelb dünsten. Mehl reinrühren. Mit Milch und Fleischbrühe auffüllen. 7 Minuten kochen lassen. Mit Salz und Paprika abschmecken. Mit Sahne verquirltes Eigelb in die Soße rühren. Nicht mehr kochen lassen, sonst gerinnt das Ei. Soße über den Blumenkohl gießen. Mit Käse bestreuen.

Auflaufform auf die mittlere Schiene in den heißen Ofen stellen. 15 Minuten bei 220 Grad überbacken.

Beilagen: Bratwurst oder Schweineschnitzel.

Kohlrabi gefüllt

Kohlrabi vom Wurzelende her schälen. Waschen. In einem Topf mit gesalzenem Wasser 10 Minuten kochen. Rausnehmen. Abtropfen lassen.

In dieser Zeit Hackfleisch in eine Schüssel geben. Mit Ei, Salz, Pfeffer und Semmelbrösel verkneten. Von den Kohlrabi 1 cm dicke Deckel abschneiden. Knollen so aushöhlen, daß ringsherum eine Wand von etwa 1 cm Dicke bleibt. Mit der Hackfleischmasse füllen. Deckel drauflegen. Mit Holzstäbchen feststecken.

Speck würfeln. In einem Topf 5 Minuten anbraten. Kohlrabi reinsetzen. Weitere 5 Minuten braten. Heiße Fleischbrühe angießen. Zugedeckt in 20 Minuten garen. Rausnehmen. Holzstäbchen entfernen. Kohlrabi in einer vorgewärmten Schüssel warm stellen.

Mehl mit kaltem Wasser anrühren. Soße damit binden. 5 Minuten kochen lassen. Vom Herd nehmen. Sahne reinrühren. Mit Salz, Pfeffer und Zucker abschmecken. Über die Kohlrabi verteilen. Mit gewaschener, gehackter Petersilie bestreut servieren.

Beilage: Kartoffelpüree oder Petersilienkartoffeln.

Zutaten für 4 Personen

8 gleichgroße Kohlrabi
Salz
150 g Rinderhack
100 g Schweinehack
1 Ei
weißer Pfeffer
2 Eßlöffel Semmelbrösel
30 g fetter Speck
$1/4$ l heiße Fleischbrühe aus Würfeln
1 Teelöffel Mehl
4 Eßlöffel Sahne
1 Prise Zucker
1 Bund Petersilie

Fisch
aus Fluß und See

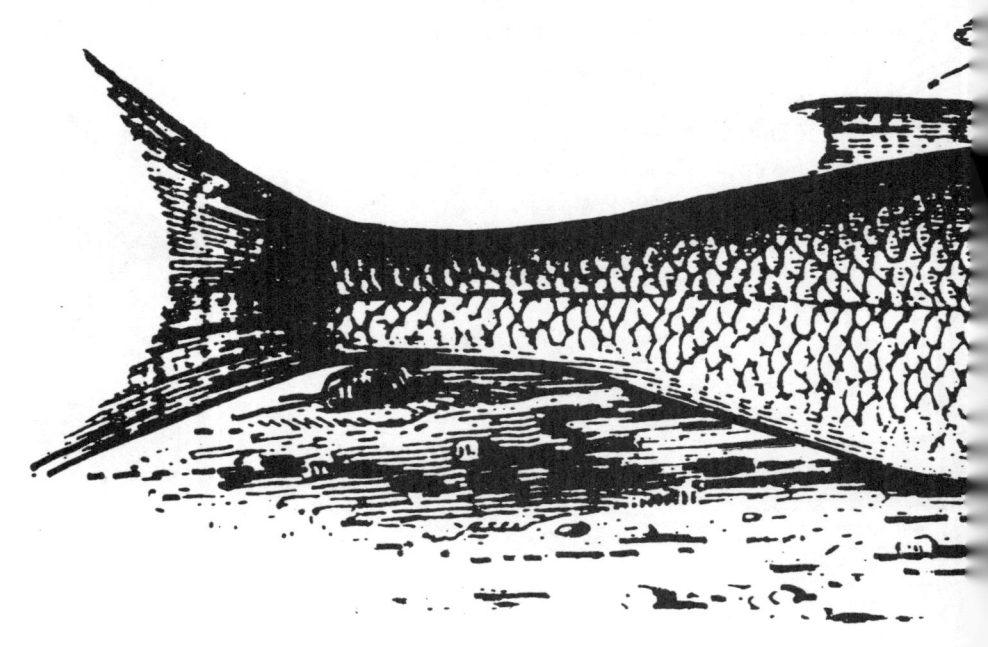

Hecht badische Art

Zutaten für 6 Personen

1 küchenfertiger Hecht
von 1500 g
Salz
300 g durchwachsener Speck
100 g Butter oder Margarine
1/8 l Weißwein (Riesling)
2 Eßlöffel Semmelbrösel
100 g saure Sahne
weißer Pfeffer
Cayennepfeffer

Lassen Sie den Hecht vom Fischhändler ausnehmen und schuppen. Den Fisch unter kaltem Wasser abspülen. Mit Haushaltspapier trockentupfen. Innen salzen. Die Haut nicht abziehen. Dadurch bleibt das Fischfleisch saftiger. Hecht mit 100 g in dünne Scheiben geschnittenem Speck belegen. Den übrigen durchwachsenen Speck würfeln. In der Fettpfanne glasig werden lassen. Fisch reingeben. Mit in einer Pfanne zerlassenen Butter oder Margarine übergießen. Fettpfanne in den vorgeheizten Ofen schieben. 30 Minuten bei 250 Grad garen. Alle 10 Minuten mit dem Bratfond überschöpfen. Nach 20 Minuten den Weißwein zugießen. Aus dem Ofen nehmen, mit Semmelbröseln bestreuen.

Nochmal 4 Minuten in den Ofen schieben und überkrusten. Fisch aus der Pfanne heben. Auf einer vorgewärmten Platte anrichten und warm stellen. Die saure Sahne in die Soße rühren. Mit weißem Pfeffer und Cayennepfeffer würzen und getrennt zum Fisch servieren. Wenn nötig, Fett abschöpfen.

Beilagen: Petersilienkartoffeln mit Butter oder hausgemachte Nudeln und Gurkensalat. Als Getränk badischer Riesling.

Aal mit Salbei

Zutaten für 4 Personen

1 kg dünne Aale
Essigwasser
Meersalz
12–14 frische Salbeiblätter
1 Eßlöffel Öl
40 g Butter
1 Zitrone

Die Aale gleich beim Einkauf abziehen und in 4 cm lange Stücke schneiden lassen.
Mit Essigwasser waschen und auf Küchenpapier gut abtropfen lassen. Die Aalstücke salzen, mit den Salbeiblättern umwickeln und diese mit einem Baumwollfaden festbinden.
Das Öl in einer beschichteten Pfanne erhitzen, und die Aalstücke darin unter gelegentlichem Schütteln in etwa 10 Minuten von allen Seiten goldbraun braten. Aus der Pfanne nehmen und die Baumwollfäden entfernen. Die Aalstücke auf Küchenpapier abtropfen lassen.
Die Fischstücke auf einer vorgewärmten Platte anrichten. Die Butter in die heiße Pfanne geben und einmal aufschäumen lassen. Über die Aalstücke gießen. Mit Zitronenspalten garnieren.
Beilage: Dampfkartoffeln und Gurkensalat mit saurer Sahne, als Getränk paßt badischer Weißherbst.

Sie können die mit den Salbeiblättern umwickelten Aalstückchen auch auf 4 Spießchen stecken, leicht mit Semmelbrösel bestreuen und grillen.

Zander in Rieslingsoße

Zutaten für 4 Personen

4 Zanderfilets von je 200 g
2 Eßlöffel Zitronensaft
50 g durchwachsener Speck
20 g Butter
1/8 l Riesling
Salz
1/8 l Wasser
1 Eßlöffel Speisestärke
knapp 1/8 l Sahne
1 Eigelb
Zum Garnieren:
1 Bund Petersilie
1 Zitrone

Riesling ist ein Weißwein, der aus den Rieslingtrauben gekeltert wird. Es gibt ihn aus fast allen Weinanbaugebieten. Sie nehmen für dieses Rezept natürlich einen aus Baden.
Zanderfilets abspülen und trockentupfen. Auf eine Platte legen und beide Seiten mit Zitronensaft beträufeln.

Speck in Würfel schneiden. In einer Pfanne auslassen. Butter darin erhitzen. Die abgetupften Fischfilets darin auf jeder Seite in 3 Minuten hellbraun anbraten. Mit dem Riesling begießen. Zugedeckt 7 Minuten dünsten. Filets aus der Pfanne nehmen, salzen und auf einer vorgewärmten Platte zugedeckt warm stellen.

Wasser und Speisestärke in einer Tasse glattrühren. In den Fischfond rühren. Einmal aufkochen. Sahne und Eigelb mit etwas Soße verquirlen. In die Soße rühren. Bis kurz vorm Kochen erhitzen. Topf vom Herd nehmen. Soße mit Salz abschmecken.

Zum Garnieren Petersilie abbrausen, trockentupfen und hacken. Zitrone in heißem Wasser waschen, abtrocknen und in Achtel schneiden.
Soße über die Zanderfilets gießen. Mit Petersilie bestreuen und mit Zitronenachteln umlegen.
Beilagen: Stangenspargel oder Zuckererbsen und neue Kartoffeln.

Forelle auf Müllerin Art

Fische ausnehmen. Flossen und Kopf abschneiden (wenn Sie einen küchenfertig zubereiteten Fisch kaufen, entfallen diese Arbeiten). Fisch rasch unter kaltem Wasser abspülen. Mit Haushaltspapier trockentupfen. Mit Zitronensaft überall beträufeln. 5 Minuten ziehen lassen. Salzen und in Mehl wenden.

Öl in einer großen Pfanne erhitzen. Fisch reingeben. Auf jeder Seite erst 1 Minute anbraten, dann auf jeder Seite 10 Minuten goldbraun braten. Während dieser Zeit die Petersilie waschen und trockentupfen. Die Hälfte hacken, die andere Hälfte ganz lassen. Zitrone waschen, trocknen und achteln. Salat putzen, waschen und trockenschwenken.

Fisch aus der Pfanne nehmen und auf einer vorgewärmten Platte anrichten.

Mit gehackter Petersilie bestreuen. Platte mit der ganzen Petersilie, Zitronenachteln oder Zitronenrädchen und Salatblättern garnieren. Die Butter schnell in einer Pfanne goldbraun werden lassen. Über den Fisch gießen und sofort servieren.

Beilagen: Petersilienkartoffeln oder Kartoffelsalat.

Zutaten für 4 Personen

4 frische Forellen von
je 250 g
Saft einer Zitrone
Salz
4 Eßlöffel Mehl
4 Eßlöffel Öl
1 Bund Petersilie
1 Zitrone
1 kleiner Kopfsalat
40 g Butter

Hechtklößchen

Zutaten für 4 Personen

1 küchenfertiger Hecht
von 1 kg
¹/₄ l Wasser
¹/₄ l Weißwein
1 Lorbeerblatt
4 Eiweiß
je 1 kräftige Prise Salz
weißer Pfeffer und
geriebene Muskatnuß
150 g Butter
¹/₈ l Milch
100 g Mehl
4 Eigelb

Den Hecht am besten vom Fischhändler schuppen, ausnehmen, häuten und entgräten lassen. Fisch unter fließendem kaltem Wasser abspülen. Mit Haushaltspapier trockentupfen. In Stücke schneiden. Im Mixer pürieren oder durch den Fleischwolf (feine Scheibe) drehen. In einer Schüssel zugedeckt im Kühlschrank aufbewahren. Geschälte Zwiebel mit dem Wasser und den Fischabfällen in einen Topf geben. Mit Wein und Lorbeerblatt 40 Minuten auskochen. Durchsieben. Fischsud auffangen.

Eiweiß in einer Schüssel steif schlagen. Unter den gekühlten Fischbrei ziehen. Mit Salz, Pfeffer und Muskatnuß kräftig abschmecken. Wieder für 30 Minuten zugedeckt in den Kühlschrank stellen. Die Hälfte der Butter in einem Topf zerlassen. Die Milch zugießen. Aufkochen. Mehl auf einmal unter Rühren zuschütten. Es bildet sich ein Kloß, der sich wie beim Brandteig vom Topfboden lösen muß. Vom Herd nehmen und etwas auskühlen lassen. Eigelb, Fischbrei und die restliche, flüssig gemachte und abgekühlte Butter reinrühren. Fischsud mit Salz und Pfeffer würzen. In einem breiten Topf aufkochen.

Aus dem Fischteig mit einem Eßlöffel Klöße abstechen. In den Sud gleiten lassen und bei kleinster Temperatur 15 Minuten ziehen lassen. Abgetropfte Hechtklößchen auf einer vorgewärmten Platte anrichten und servieren. Dazu eine Holländische Soße reichen (s. Rezept Felchen blau, rechte Seite) oder eine Dillsoße. Beilagen: Blattspinat und Butterkartoffeln.

Felchen blau

Für den Sud Wasser mit Salz aufkochen. Pfefferkörner, die mit den Nelken und dem Lorbeerblatt gespickte Zwiebel, den Zitronenschnitz, das geputzte, ganz gelassene Suppengrün und den Essig reingeben. Leicht köcheln lassen.

In der Zwischenzeit die Felchen vorsichtig ausnehmen, dabei die Haut bitte nicht verletzen, sonst wird der Fisch nicht blau. Unter kaltem Wasser innen und außen abspülen. Mit Zitronensaft beträufeln. Vorsichtig in den Sud gleiten lassen. 20 Minuten darin ziehen lassen.

Für die Holländische Soße die Butter in einer Pfanne zerlassen. Abschäumen. Sie muß ganz klar sein. Eigelb in einem Topf mit Wasser verrühren, leicht salzen. Topf ins leicht siedende Wasserbad stellen. Die Masse mit dem Schneebesen so lange schlagen, bis sie cremig ist. Nicht sprudelnd kochen! Topf aus dem Wasserbad nehmen. Lauwarme Butter zuerst tropfen-, dann eßlöffelweise unterrühren. Soße mit Salz, Zitronensaft und Worcestersoße abschmecken.

Felchen mit dem Schaumlöffel aus dem Sud nehmen. Auf einer Platte anrichten. Zitrone achteln, Petersilie waschen und trockentupfen. Felchen damit garnieren. Holländische Soße getrennt reichen.

Zutaten für 4 Personen

Für den Sud:
2 l Wasser
1 Eßlöffel Salz
6 Pfefferkörner
2 Nelken
1 Lorbeerblatt
1 Zwiebel
1 Zitronenschnitz
1/2 Bund Suppengrün
1 Weinglas Essig
4 Felchen à 250 g
Saft einer halben Zitrone
Für die Holländische Soße:
120 g Butter
2 Eigelb
2 Eßlöffel Wasser
Salz
1 Teelöffel Zitronensaft
zwei Spritzer Worcestersoße
Zum Garnieren:
1 Zitrone
1 Bund Petersilie

 Anstelle von Holländischer Soße können Sie schaumig geschlagene Butter, zerlassene Butter oder Meerrettichsahne reichen. Nach diesem Rezept können Sie auch Forellen zubereiten.

Blaufelchen gebraten

Zutaten für 4 Personen

4 Blaufelchen (à 250 g)
Saft einer halben Zitrone
Salz
weißer Pfeffer
Mehl
3 Eßlöffel Öl
20 g Butter
8 Eßlöffel Zitronensaft
1/2 Bund gehackte Petersilie
Zum Garnieren:
1 geviertelte Zitrone
Petersiliensträußchen

Blaufelchen ausnehmen. Flossen abschneiden. Nochmal waschen. Mit Zitronensaft beträufeln. Salzen und pfeffern. Von innen und außen mit Mehl bestäuben. In heißem Öl 20 Minuten braten. Butter draufgeben. Hin und wieder mit dem Bratfond begießen. Auf einer Platte anrichten. Zitronensaft drübergießen. Gehackte Petersilie drüberstreuen. Mit dem heißen Bratfett übergießen. Mit Zitronenvierteln und Petersiliensträußchen garnieren.

Beilagen: Petersilienkartoffeln und Kopfsalat.

 Blaufelchen bzw. Felchen sind mit den Renken aus dem Starnberger See und den Forellen verwandt. Sie sind im Bodensee zu Hause.

Karpfen im Weinsud

Speck in dünne Scheiben schneiden. In einem Bräter auf jeder Seite 3 Minuten knusprig braun braten.

Karpfen unter fließend kaltem Wasser innen und außen abspülen, mit Haushaltspapier trockentupfen. Mit Salz und Pfeffer einreiben. Butter in den Bräter geben, erhitzen. Die Speckscheiben beiseite schieben. Karpfen im heißen Fett rundherum 10 Minuten anbraten.

Zwiebel schälen, fein hacken. Zum Karpfen geben und mitbraten. Wein zugießen. Fisch zugedeckt bei schwacher Hitze in 20 Minuten gar ziehen lassen.

Tomaten häuten, vierteln, die Stengelansätze rausschneiden. Tomaten entkernen und kleinschneiden. Zum Karpfen geben. Petersilie und Dill abspülen, trockentupfen, Petersilie hacken, Dill fein schneiden. Karpfen aus dem Bräter nehmen. Auf einer vorgewärmten Platte anrichten. Mit Speckscheiben umlegen. Bratfond drübergießen. Karpfen mit Paprika und den Kräutern bestreuen. Zirone unter lauwarmem Wasser abspülen, mit Haushaltspapier abtrocknen. In Achtel schneiden. Karpfen damit garnieren.

Beilagen: Junge Erbsen und Petersilienkartoffeln.

Zutaten für 4 Personen

125 g durchwachsener Speck
1 küchenfertiger Karpfen
von 1,5 kg
Salz
weißer Pfeffer
20 g Butter
1 Zwiebel
$1/8$ l Weißwein
2 Tomaten
$1/2$ Bund Petersilie
$1/2$ Bund Dill
1 Teelöffel Paprika
rosenscharf
1 Zitrone

Fleischgerichte

Schwarzwälder Schäufele

Zutaten für 4 Personen

750 g gepökelte, leicht
geräucherte Schweineschulter
1 l Wasser
$^1/_2$ l Weißwein
1 Zwiebel
3 Nelken
1 Lorbeerblatt
4 Wacholderbeeren
5 Pfefferkörner
$^1/_2$ Teelöffel getrockneter
Thymian
Zum Garnieren:
4 kleine Gewürzgurken

Gepökelte und geräucherte Schweineschulter
wird nicht jeder Fleischer vorrätig haben.
Aber sicher wird er Ihnen das Fleisch auf Bestellung vorbereiten. Denn dieses Gericht sollten Sie
sich nicht entgehen lassen.

Fleisch unter kaltem Wasser abspülen. Abtropfen
lassen. Wasser und Weißwein mit der geschälten,
mit Nelken und Lorbeerblatt gespickten Zwiebel,
Wacholderbeeren, Pfefferkörnern und Thymian
aufkochen. Fleisch reinlegen und zugedeckt bei
schwacher Hitze 2 Stunden kochen lassen.

Fleisch rausnehmen und abtropfen lassen. In
Scheiben schneiden und auf einer vorgewärmten
Platte anrichten. Gewürzgurken halbieren und in
Fächer schneiden. Fleisch damit garnieren und
sofort servieren.

Beilagen: Feld- oder Krautsalat und Kartoffelsalat.

Gebeizter Schweinebraten

Schweinebraten abspülen und trocknen. In einen Steinguttopf legen.

Für die Beize Möhre putzen und waschen. Zwiebeln schälen. Beides in Scheiben schneiden. Knoblauchzehen schälen und mit Salz zerdrücken. Petersilie abspülen, trockentupfen und hacken. Möhren- und Zwiebelscheiben, Knoblauch, Petersilie und die Gewürze über das Fleisch verteilen. Mit Wein begießen. Fleisch zugedeckt 48 Stunden an einem kühlen Ort durchziehen lassen. Fleisch zwei- bis dreimal wenden.

Die Kartoffeln schälen und waschen. Zwiebeln schälen und achteln. Die Hälfte der Kartoffeln und Zwiebeln in eine hohe feuerfeste Form geben. Mit Salz und Pfeffer würzen.

Fleisch aus der Beize nehmen und abgetropft auf die Kartoffeln legen. Darüber die restlichen Kartoffeln und Zwiebeln verteilen. Salzen und pfeffern.

Soviel Beize durch ein Sieb in den Topf gießen, daß der Inhalt 3/4 bedeckt ist. Butter in Flöckchen auf die Kartoffeln verteilen.

Form zugedeckt auf die untere Schiene in den vorgeheizten Ofen schieben. 2 Stunden bei 200 Grad garen. 5 Minuten vor Ende der Garzeit Deckel abnehmen und fertig braten. Fleisch in der Form servieren.

Beilage: Sauerkraut

Zutaten für 4 Personen

1 kg magerer Schweinebraten
(Keule oder Schulter)
Für die Beize:
1 Möhre
2 Zwiebeln
2 Knoblauchzehen
Salz
1 Bund Petersilie
1 Teelöffel getrockneter
Thymian
1 Lorbeerblatt
4 Nelken
1 l Weißwein
Außerdem:
1 kg Kartoffeln
400 g Zwiebeln
Salz
schwarzer Pfeffer
30 g Butter

Schwalbennester

Zutaten für 4 Personen

4 Scheiben Kalbfleisch
von je 150 g
Salz
weißer Pfeffer
1 Eßlöffel Senf
125 g durchwachsener Speck
4 hartgekochte Eier
30 g Margarine
1 Zwiebel
$^1/_4$ l heiße Fleischbrühe
1 Eßlöffel Tomatenmark
2 Eßlöffel Mehl
$^1/_8$ l Rotwein

Schwalbennester sind sehr feine Rouladen. Die Füllung mit Ei ist eine der vielen Möglichkeiten, die es gibt. Sie können auch mit Fleischfarce, mit Schinken- oder Käsescheiben oder auch mit Bratenresten gefüllt werden.

Kalbfleisch unter kaltem Wasser abspülen, mit Haushaltspapier abtupfen. Mit Salz und Pfeffer bestreuen. Mit Senf bestreichen. Speck in 4 Scheiben schneiden und auf das Fleisch legen. Eier schälen und auf die Scheiben legen. Fleischscheiben zu Rouladen aufrollen. Mit einem Zwirnsfaden oder Rouladenklammern zusammenhalten.

Margarine in einem Topf erhitzen. Schwalbennester reinlegen und von allen Seiten 10 Minuten braun anbraten.

Zwiebel schälen, halbieren und würfeln. Zugeben und 3 Minuten hellgelb braten. Fleischbrühe aufgießen und 25 Minuten zugedeckt schmoren.

Fleisch rausnehmen. Fäden oder Klammern entfernen. Tomatenmark in die Soße rühren. Mehl mit dem Rotwein in einem Becher anrühren und die Soße damit binden. 3 Minuten kochen. Rouladen wieder reingeben und heiß werden lassen.

Schwalbennester aufschneiden, auf einer vorgewärmten Platte mit etwas Soße anrichten. Restliche Soße getrennt reichen.

Beilagen: Gemischter Salat und Kartoffelpüree.

Lammkeule mit weißen Bohnen

Die Bohnenkerne über Nacht einweichen und dann abgießen.

Rosmarin, Thymian, einige Pfefferkörner und etwas Salz in einem Mörser zerstoßen. Die Lammkeule mit Öl bepinseln und die Gewürzmischung einmassieren. Das Fleisch in eine Bratreine legen und in den auf 200 Grad vorgeheizten Ofen schieben. Etwa 2 Stunden schmoren lassen, ab und zu wenden und mit Saft begießen. Die Keule ist gar, wenn beim Einstechen mit einer Nadel nur noch ein hellroter Tropfen austritt.

Eine Zwiebel schälen und mit den Nelken spicken. Die Bohnenkerne mit der gespickten Zwiebel und dem Bouquet garni in einen großen Topf geben und mit Wasser bedecken. Aufkochen lassen, salzen und bei geringer Hitze eine Stunde garen.

Die Tomaten kurz überbrühen, kalt abschrecken, häuten und entkernen. Restliche Zwiebeln und Knoblauch grob hacken und in Öl andünsten. Tomaten hinzufügen und mit Salz und Pfeffer zu einer Soße einköcheln. Nach Geschmack und Konsistenz mit einem Glas Weißwein strecken und weiter eindicken.

Die gegarte Keule auf eine Servierplatte legen und im Ofen bei 100 Grad etwas nachziehen lassen. Den Bratensatz in der Reine mit heißem Wasser loskochen, etwas einköcheln und in einer Saucière im Ofen warm halten.

Die Bohnen abgießen – Zwiebel und Bouquet entfernen – mit der Tomatensoße mischen und um die Lammkeule anrichten.

Zutaten für 6 Personen

400 g getrocknete, weiße
Bohnenkerne
Rosmarin und Thymian
(getrocknet)
ganze, schwarze Pfeffer-
körner
Salz
1 Lammkeule (ca. 2 kg)
Olivenöl
3 Zwiebeln
3 Gewürznelken
1 Bouquet garni aus frischen
Thymian- und Petersilien-
zweigen und 1 Lorbeerblatt
4 Tomaten
2 Knoblauchzehen
Pfeffer aus der Mühle
eventuell 100 ml trockener
Weißwein

Ochsenbrust mit Meerrettichsoße

Zutaten für 4 Personen

1 kg Rinderbrust
Salz
1 Zwiebel
5 Gewürznelken
2 Lorbeerblätter
Pfeffer
1 Bund Suppengrün
(Möhren, Sellerie, Porree
und Petersilie)
Für die Soße:
40 g Butter
30 g Mehl
1/4 l Milch
1/4 l heiße Rinderbrühe
Salz
1 Teelöffel Zucker
1/2 Teelöffel Zitronensaft
1 kleine Stange
Meerrettich (130 g)

Gewaschene Rinderbrust in kochendes, gesalzenes Wasser geben. Zwiebel schälen und mit den Gewürznelken spicken. Zusammen mit Lorbeerblättern und Pfeffer zugeben. Suppengrün putzen, kleinschneiden. Auch reingeben. Etwa zwei Stunden sieden lassen.

In der Zwischenzeit die Meerrettichsoße zubereiten. Dafür Butter in einem Topf erhitzen. Mehl darin in 3 Minuten goldgelb rösten. Mit Milch und Rinderbrühe aufgießen. Unter Rühren in 8 Minuten zu einer sämigen Soße kochen. Mit Salz, Zucker und Zitronensaft würzen.

Meerrettich schälen und fein reiben oder im Mixer pürieren. Sofort in die Soße geben, damit er sich nicht verfärbt. Nochmal erhitzen, aber nicht mehr kochen, sonst leidet das Aroma. In eine vorgewärmte Sauciere füllen.

Fleisch aus der Brühe nehmen. In Portionsstücke schneiden und anrichten. Gemüse anlegen, Soße dazu reichen.

Beilage: Petersilienkartoffeln

Die prima Fleischbrühe servieren Sie als Suppe vor dem Essen am nächsten Tag. Oder mal zwischendurch.

Badischer Sauerbraten

Sauerbraten, auf badisch Surbrotis, ist in Mittelbaden ein Fest- und Feiertagsgericht. Serviert mit hausgemachten Nudeln.

Fleisch unter kaltem Wasser abspülen und mit Haushaltspapier trocknen. In einen Steinguttopf oder in eine Schüssel legen.

Für die Marinade Rotwein, Weinessig und Wasser in einen Topf geben. Geschälte, in Ringe geschnittene Zwiebel, Lorbeerblatt, Nelken und Pfefferkörner zufügen. Aufkochen und erkalten lassen. Über das Fleisch gießen. Zugedeckt 3 Tage stehen lassen. Zwischendurch einmal wenden.

Fleisch aus der Marinade nehmen, abtrocknen und mit Salz und Pfeffer kräftig einreiben. 1/4 l Marinade zurückbehalten. Speck würfeln und in einem Schmortopf 5 Minuten glasig werden lassen. Fleisch darin in 15 Minuten rundherum anbraten.

Zwiebeln schälen und würfeln. Suppengrün putzen, waschen. Grob würfeln. In den Topf geben und 10 weitere Minuten braten. Heiße Fleischbrühe und einen Teil der durchgesiebten Marinade angießen. 90 Minuten zugedeckt schmoren lassen. Evtl. noch etwas Marinade zugießen.

Fleisch aus dem Topf nehmen und auf einer tiefen Platte warm stellen.

Für die Soße Schmorfond in einen Topf sieben. Aufkochen. Sahne und Mehl in einem Becher verquirlen. Soße damit binden und unter Rühren 5 Minuten kochen. Mit Salz, Pfeffer und Zucker abschmecken. Etwas Soße über den Braten gießen, den Rest getrennt reichen.

Zutaten für 4 Personen

1 kg Rindfleisch
Für die Marinade:
1/4 l Rotwein
1/8 l roter Weinessig
1/4 l Wasser
1 Zwiebel
1 Lorbeerblatt
3 Nelken
5 Pfefferkörner
Außerdem:
Salz
schwarzer Pfeffer
100 g fetter Speck
2 Zwiebeln
1 Bund Suppengrün
1/8 l heiße Fleischbrühe
aus Würfeln
Für die Soße:
1/8 l Sahne
25 g Mehl
Salz
schwarzer Pfeffer
1 Prise Zucker

Bäckerofen

Zutaten für 4 Personen

400 g Schweineschulter
400 g Hammelschulter
Schweineschmalz zum
Einfetten
4 mittelgroße Zwiebeln
12 mittelgroße Kartoffeln
Pfeffer
Salz
40 g Butter
gut ¼ l Elsässer Wein

Der Bäckerofen (Beekenohfe) kommt aus dem Elsaß, sagen die Elsässer. Genauer gesagt aus Straßburg. Die Badener sagen, sie hätten den Bäckerofen erfunden. Wer der erste war, läßt sich heute nicht mehr feststellen. Fest steht aber, daß dies Gericht seinen Namen deshalb hat, weil man es früher im Bäckerofen backen ließ, nachdem die Brote fertig waren. Schade, daß das heute, in der Zeit der vollautomatischen Brotbackbetriebe, kaum mehr möglich ist.

Schweine- und Hammelschulter von den Knochen lösen. In Ragoutstücke schneiden. Feuerfeste Form mit Schweineschmalz einfetten. Zwiebeln und Kartoffeln schälen und in Scheiben schneiden.

Form mit Zwiebelringen auslegen. Darüber eine dicke Lage Kartoffelscheiben packen. Mit Pfeffer und Salz würzen. Darauf kommt eine Lage Fleisch, dann eine Lage Zwiebeln und eine Lage Kartoffeln. Alle Schichten immer salzen und pfeffern. Letzte Schicht: Kartoffeln. Darauf verteilen Sie Butterflöckchen. Wein angießen. Auf dem Herd zum Kochen bringen.

Dann in den Ofen schieben und 90 bis 120 Minuten bei 220 Grad backen.

Beilage: Zum Bäckerofen paßt ein würzig zubereiteter Feldsalat. Und als Getränk Elsässer Landwein.

Kalbsragout badisch

Das Fleisch kurz waschen, mit Haushaltspapier trockentupfen. In 3 bis 4 cm große Würfel schneiden. In eine Schüssel geben, Weißwein zugießen. Zwiebel schälen, mit Nelken und Lorbeerblatt bestecken. Mit Thymian und zerdrückten Pfefferkörnern zum Fleisch geben. Zugedeckt 1 bis 2 Tage im Kühlschrank marinieren lassen.

Sellerieknolle schälen, waschen, trockentupfen. Zwiebel schälen. Beides in kleine Würfel schneiden. Das Fleisch aus der Marinade nehmen, auf einem Sieb gut abtropfen lassen. Gespickte Zwiebel und Thymianzweig herausnehmen.

Margarine im Schmortopf erhitzen, Fleisch dazugeben, in 5 Minuten bei großer Hitze rundherum leicht bräunen. Sellerie- und Zwiebelwürfel beifügen und 3 Minuten dünsten. Mehl drüberstäuben und 1 Minute unter Rühren durchschwitzen lassen. Mit erhitzter Marinade (nicht kochen), Zitronensaft und Champignonwasser auffüllen. Gut umrühren, gespickte Zwiebel (aus der Marinade) beifügen. Zugedeckt 30 Minuten dünsten.

Die gespickte Zwiebel aus dem Kalbsragout nehmen. Champignons beifügen. Sahne verquirlen und das Ragout damit binden. Einmal aufkochen und mit Salz und Zucker abschmecken. In einer vorgewärmten Schüssel anrichten. Kerbel waschen, trockentupfen. Sardellenfilets auch. Kerbelblättchen und Kapern unter das Kalbsragout heben. Mit Sardellenfilets garnieren.

Beilagen: Spätzle oder breite Nudeln, Kopfsalat.

Zutaten für 4 Personen

500 g Kalbsschulter ohne Sehnen und Knochen
$1/2$ l Weißwein
1 Zwiebel
2 Nelken
1 Lorbeerblatt
1 Zeig Thymian
1 gestrichener Teelöffel weiße Pfefferkörner
$1/2$ Sellerieknolle
1 Zwiebel
40 g Margarine
2 Eßlöffel Mehl
Saft einer halben Zitrone
1 kleine Dose Champignons (235 g)
$1/2$ l saure Sahne
Salz
Zucker
Zum Garnieren:
$1/2$ Bund Kerbel
4 Sardellenfilets
20 g Kapern

Rahmschnitzel

Zutaten für 4 Personen

4 Kalbsschnitzel aus der
Oberschale von je 150 g
1 Zwiebel
Salz
weißer Pfeffer
4 Eßlöffel Mehl
50 g Butter
1 Eßlöffel Öl
3 Eßlöffel Weißwein
1/8 l Sahne
1 Messerspitze Cayenne-
pfeffer
Saft einer viertel Zitrone
Zum Garnieren:
1/2 Bund Petersilie
1 Zitrone

Die Schnitzel mit dem Handballen leicht klopfen. Mit Haushaltspapier abtupfen. Zwiebel schälen und fein hacken. Schnitzel mit Salz und Pfeffer würzen. Mehl auf einen Teller geben. Schnitzel darin wenden. Butter und Öl in einer Pfanne erhitzen, Schnitzel darin auf beiden Seiten je vier Minuten braten, rausnehmen und warm stellen.

Zwiebel in der Pfanne in 4 Minuten gelb braten. Restliches Mehl zufügen. 1 Minute mitschwitzen. Weißwein und etwas Sahne in einem Becher mischen. Ins Mehl rühren. 4 Minuten kochen. Schnitzel reinlegen. 3 Minuten ziehen lassen. Übrige Sahne reinrühren. Mit Cayennepfeffer und Zitronensaft abschmecken. Vom Herd nehmen. Schnitzel mit Soße auf einer vorgewärmten Platte anrichten. Petersilie unter kaltem Wasser abspülen, trockentupfen und zerpflücken. Zitrone unter heißem Wasser waschen, abtrocknen und in Scheiben schneiden. Schnitzel damit und mit Petersilie garniert servieren.

Beilagen: Kopf- oder Endiviensalat und Spätzle oder Kartoffelpüree.

 Rahmschnitzel wird herzhafter, wenn Sie dazu Pfifferlinge oder Mischpilze reichen. Die Pilze mit viel Petersilie und fein gehackten Zwiebeln in Butter dünsten. Mit frisch gemahlenem weißen Pfeffer nicht zu sparsam würzen.

Gefüllte Kalbsbrust

Für die Füllung Wasser in einem Topf zum Kochen bringen. Maronen kreuzweise einritzen. Ins kochende Wasser geben. 10 Minuten kochen lassen, bis sich die Schalenenden lösen. Maronen schälen. Auch die Innenhaut abziehen und abkühlen lassen. Grob hacken. Sellerieknolle schälen, waschen, trockentupfen und fein würfeln. Zwiebel schälen. Auch würfeln. Butter in einem Topf erhitzen. Zwiebelwürfel darin 5 Minuten goldgelb braten. Maronen, Sellerie und Zwiebel in eine Schüssel geben. Petersilie unter kaltem Wasser abspülen, mit Haushaltspapier trockentupfen und hacken. Drüberstreuen. Mit Semmelbrösel, Eiern, Salz und Pfeffer zur Farce (Füllung) mischen.

Kalbsbrust unter fließendem Wasser abspülen, mit Haushaltspapier trockentupfen. Mit einem scharfen Messer in die Brust eine tiefe Tasche schneiden. Farce reinfüllen. Öffnung mit Zahnstochern zustecken. Mit zerriebenem Rosmarin und Salz einreiben.

Öl in einem großen Bräter erhitzen. Kalbsbrust darin 15 Minuten rundherum braun anbraten. Heiße Fleischbrühe zugießen. Zugedeckt 90 Minuten schmoren lassen. Kalbsbrust auf einer vorgewärmten Platte anrichten. Zahnstocher rausnehmen. In Scheiben schneiden und warm stellen. Bratfond durchs Sieb in einen Topf gießen. Etwas einkochen lassen und gesondert servieren.

Beilagen: Petersilienkartoffeln, gemischter Salat oder mit brauner Butter übergossener Blumenkohl oder Schwarzwurzeln.

Zutaten für 6 Personen

Für die Füllung:
1/2 l Wasser
125 g Maronen (Eßkastanien)
1/4 Sellerieknolle (75 g)
1 Zwiebel (50 g)
20 g Butter
1 Bund Petersilie
120 g Semmelbrösel
2 Eier
Salz
Pfeffer
Außerdem:
1 kg entbeinte Kalbsbrust
1/2 Teelöffel getrockneter Rosmarin
Salz
5 Eßlöffel Olivenöl
1/4 l heiße Fleischbrühe aus Würfeln

Hackfleischauflauf

Zutaten für 4 Personen

40 g durchwachsener Speck
20 g Butter oder Margarine
400 g gemischtes Hackfleisch
2 Zwiebeln
1 Glas Rotwein
3 Eßlöffel Tomatenmark
Salz
Pfeffer
1 Prise zerriebener Thymian
Margarine zum Einfetten
300 g Sauerkraut
30 g geriebener Käse
20 g Butter

Für alle, die gern Deftiges essen, ist dieser Auflauf wie geschaffen. So wird er zubereitet:
Speck klein würfeln. In einer großen Pfanne auslassen. Butter oder Margarine darin erhitzen.
Dann das Hackfleisch und die geschälten, gewürfelten Zwiebeln darin unter Rühren gut mischen und 10 Minuten rösten. Mit Rotwein ablöschen.
Tomatenmark einrühren. Mit Salz, Pfeffer und Thymian würzen.
Eine feuerfeste Form gut einfetten. Die Hälfte der Fleischmasse reinfüllen. Sauerkraut darauf verteilen. Restliche Fleischmischung, geriebenen Käse und die Butter in Flöckchen darauf verteilen. In den vorgeheizten Ofen auf die mittlere Schiene stellen. 45 Minuten bei 200 Grad backen. Aus dem Ofen nehmen und servieren.
Beilage: Kartoffelpüree

Geschnetzelte Leber

Kalbsleber mit Haushaltspapier trockentupfen. In schmale Streifen schneiden. Röhren und Hautreste entfernen. Zwiebeln schälen und würfeln. Speck auch in Würfel schneiden. Margarine in einem Topf erhitzen. Zwiebeln und Speck reingeben. 3 Minuten braten. Leberstücke zugeben. Mehl drüberstäuben und 5 Minuten durchschwitzen lassen. Unter Rühren den Weißwein aufgießen. Die Sahne zufügen und mit Salz, Pfeffer und Zucker würzen. Mit Zitronensaft abschmecken und in einer Schüssel anrichten.
Beilage: Spätzle

Zutaten für 4 Personen

500 g Kalbsleber
2 Zwiebeln
100 g durchwachsener Speck
20 g Margarine
1 Eßlöffel Mehl
1/8 l Weißwein
1/4 l Sahne
Salz
weißer Pfeffer
1 Prise Zucker
Zitronensaft

Rahmsoße

Öl in einem Topf erhitzen. Speck in 3 mm große Würfel schneiden. Reingeben und in 5 Minuten glasig braten. Zwiebel schälen, würfeln. Auch 3 Minuten braten. Mehl drüberstäuben. In 3 Minuten braun werden lassen. Unter Rühren mit Brühe und Sahne auffüllen. Bei schwacher Hitze 5 Minuten kochen lassen. Mit Salz, Pfeffer, Paprika und dem Zitronensaft pikant abschmecken.
Wozu reichen? Zu Spätzle, Pellkartoffeln, gekochtem Rindfleisch, Eiern, Bohnengemüse, Schnitzeln und gekochtem Fisch.

Zutaten für 4 Personen

1 Eßlöffel Öl
50 g durchwachsener Speck
1 Zwiebel
30 g Mehl
1/4 l Fleischbrühe
1/4 l Sahne (Rahm)
Salz
schwarzer Pfeffer
Paprika rosenscharf
1 Teelöffel Zitronensaft

Wild und Geflügel

Rehrücken Baden-Baden

Zutaten für 4 Personen

1 Rehrücken (etwa 2 kg)
Salz
Pfeffer
Paprika
200 g Räucherspeckscheiben
100 g Butter oder Margarine
4 Wacholderbeeren
etwas Thymian
1 Eßlöffel rotes
Johannisbeergelee
1 Glas kräftiger Rotwein
1/8 l Sahne
250 g Birnen
30 g Butter oder Margarine
1/8 l Weißwein
1 Nelke
etwas Zimt
3 Pfefferkörner
1/2 Lorbeerblatt
1 Teelöffel Zucker
2 Eßlöffel rotes Johannisbeergelee oder Preiselbeerkompott

Rehrücken enthäuten, waschen, abtrocknen, mit Salz und Pfeffer einreiben und dicht mit Speckscheiben belegen. Den Rehrücken in eine Bratenpfanne mit heißer Butter übergießen und in etwa 40 Minuten bei 250 Grad bräunen, innen schön rosa braten. Von Zeit zu Zeit nochmals Butter übergießen. In den letzten 15 Minuten Speck abnehmen, den Rücken vollends bräunen und garen.

Braten auf einer vorgewärmten Platte anrichten, mit einem Teil der Speckscheiben belegen und mit Alufolie abdecken. Bratensatz mit Wacholderbeeren und Thymian kräftig durchkochen, durch ein Sieb geben, mit Johannisbeergelee, Rotwein und Sahne verfeinern, nochmals aufkochen und abschmecken.

Während der Braten gart, Birnen schälen, halbieren, Kerngehäuse so ausschneiden, daß eine Höhlung entsteht. Die Birnen in Fett andünsten, mit Weißwein, Gewürzen und Zucker gar, aber nicht zu weich dünsten. Johannisbeergelee in die Höhlungen geben und den Rehrücken mit den Birnen umlegt auftragen. Dazu passen Spätzle oder Kartoffelpüree.

Rehrücken ist das ganze Jahr im Handel erhältlich. Wenn Sie gefrorenes Rehfleisch kaufen, sollten Sie es höchstens 12 Monate in der Gefriertruhe lagern. Lassen Sie den Rehrücken langsam im Kühlschrank auftauen, bevor er zubereitet wird.

Rebhuhn mit Kraut

Speck fein würfeln. Margarine in einem großen Topf erhitzen. Speck darin in 3 Minuten anbraten. Wieder rausnehmen. Geschälte, kleingeschnittene Zwiebel in dem heißen Fett in 3 Minuten glasig werden lassen. Auch wieder rausnehmen. Beiseite stellen.

Geputzten, gewaschenen, in Streifen geschnittenen Wirsing in den Brattopf geben. Mit Wein und Fleischbrühe begießen. Umrühren und bei schwacher Hitze 30 Minuten zugedeckt kochen lassen. Speck- und Zwiebelwürfel wieder reingeben.

In der Zwischenzeit die Rebhühner unter fließend kaltem Wasser innen und außen abspülen. Mit Haushaltspapier trockentupfen. Innen und außen mit Salz und Pfeffer einreiben. Wacholderbeeren zerdrücken und auf die Rebhühner verteilen.

Speck in dünne Scheiben schneiden. Rebhühner damit umwickeln. Mit einem Faden festbinden. Margarine im Topf erhitzen. Rebhühner reingeben und in 10 Minuten rundherum kräftig anbraten. Rausnehmen und in einer Schüssel warm stellen.

Speisestärke in einer kleinen Schüssel mit kaltem Wasser verquirlen. Unter Rühren zum Kraut geben und einmal aufkochen lassen.

Kraut in eine feuerfeste Form geben. Rebhühner obendrauf legen. In den auf 200 Grad vorgeheizten Ofen auf die mittlere Schiene schieben. Bratzeit: 30 Minuten (nach 15 Minuten Rebhühner wenden und 5 Minuten später den Speckmantel entfernen).

Beilagen: Maronen und Kartoffelpüree.

Zutaten für 4 Personen

Für den Kohl:
100 g durchwachsener Speck
20 g Margarine
1 große Zwiebel
1 kg Wirsingkohl
3/8 l Weißwein
1/8 l heiße Fleischbrühe
aus Würfeln
Für die Rebhühner:
4 küchenfertige
Rebhühner (je 300 g)
Salz
Pfeffer
6 Wacholderbeeren
150 g geräucherter fetter
Speck in Scheiben
40 g Margarine
Außerdem:
20 g Speisestärke

Rehmedaillons Freiburger Art

Zutaten für 4 Personen

8 Rehmedaillons (je 70 g)
Salz
weißer Pfeffer
50 g Margarine
500 g Pfifferlinge
30 g Butter
20 g Mehl
5 Eßlöffel Rotwein
3 Eßlöffel saure Sahne
Salz
weißer Pfeffer
1 Eßlöffel Johannisbeergelee
Zum Garnieren:
24 Sauerkirschen aus
dem Glas
40 g Butter
Außerdem:
4 Scheiben Weißbrot

Medaillons mit Haushaltspapier abtupfen. Salzen und pfeffern. Margarine in einer Pfanne erhitzen. Medaillons darin auf jeder Seite 4 Minuten braten. Zugedeckt warm stellen. Pfifferlinge sorgfältig putzen. Große Pilze halbieren. Butter in einem Topf erhitzen. Pfifferlinge reingeben. 5 Minuten braten. Mehl drüberstäuben und unter Rühren 2 Minuten mitbraten lassen. Rotwein reinrühren. 5 Minuten kochen lassen. Topf vom Herd nehmen. Saure Sahne einrühren. Die Soße mit Salz, Pfeffer und Johannisbeergelee abschmecken. Warm stellen.

Für die Garnierung Kirschen auf einem Sieb abtropfen lassen. 20 g Butter in der Pfanne erhitzen. Kirschen reingeben. Zugedeckt in 3 Minuten darin heiß werden lassen.

In der Zwischenzeit die restliche Butter in einer Pfanne erhitzen. Weißbrotscheiben darin auf jeder Seite goldbraun braten. Auf eine vorgewärmte Platte legen. Medaillons auf die Brotscheibe legen. Mit Sauerkirschen garnieren. Pilzsoße in einer Sauciere getrennt servieren.

Wann reichen? Als kleines Sonntag-Abendessen. Dazu empfehlen wir Ihnen Feldsalat und Spätzle. Als Getränk einen badischen Rotwein oder einen Beaujolais. Als Dessert paßt Kirschkaltschale.

Hirschsteaks mit Kastanienpüree

Die Hirschsteaks mit Kastanienpüree können Sie zwar warm essen, aber man serviert sie meistens als Vorspeisen vor Festessen oder auf Kalten Büfetts. Außerdem noch ein paar küchentechnische Kniffe zu diesen Hirschsteaks. Sie sollen dick, das heißt hoch sein. Am besten eignet sich das schiere Fleisch aus der Keule. Es darf nicht geklopft oder mit dem Handballen flachgedrückt werden. Die Steaks sollen beim Braten hoch bleiben und ihre runde Form behalten. Und so werden sie zubereitet:

Steaks mit Haushaltspapier abtupfen. Damit sie beim Braten ihre hohe und runde Form behalten, mit feinem Bindfaden umwickeln. Mit Salz, Pfeffer und Paprika von beiden Seiten bestreuen. Öl in einer Pfanne erhitzen. Steaks darin 4 Minuten auf jeder Seite braten. Zucker in die Pfanne streuen, karamelisieren. Steaks darin wenden. Mit Weinbrand ablöschen. In der Pfanne kalt werden lassen. Kastanienpüree in eine Schüssel geben. Butter in einer kleinen Pfanne zerlassen, abkühlen. Mit der Sahne in das Kastanienpüree geben. Mit dem Schneebesen cremig rühren. Steaks aus der Pfanne nehmen. Fäden entfernen, quer in der Mitte aufschneiden, mit kaltem Kastanienpüree füllen. Eine Platte mit gewaschenen, trockengetupften Salatblättern auslegen. Die Steaks darauf anrichten. Mit gewaschenen, trockengetupften Petersiliensträußchen garnieren.

Beilagen: Cumberlandsoße, Toast und Butter. Als Getränk empfehlen wir einen Spätburgunder Rotwein.

Zutaten für 4 Personen

4 Hirschsteaks von je 180 g
Salz
weißer Pfeffer
Paprika edelsüß
4 Eßlöffel Öl
4 Teelöffel Zucker
2 Glas (je 2 cl) Weinbrand
Für das Kastanienpüree:
1 kleine Dose
Kastanienpüree (440 g)
2 Eßlöffel Butter
4 Eßlöffel Sahne
Für die Garnierung:
4 Salatblätter
1/2 Bund Petersilie

Badische Ente

Zutaten für 4 Personen

1 Ente von 1,5 kg
Salz
40 g Margarine
1 Bund Suppengrün
¹/₄ l badischer Weißwein
125 g Schinken
200 g Crème fraîche
500 g Sauerkraut
125 g durchwachsener Speck
in Scheiben

Ente waschen, trocknen und salzen. In Margarine rundherum anbraten. Suppengrün putzen und kleingeschnitten zur Ente geben. Durchschmoren.

Während der Bratzeit von 60 Minuten die Ente immer wieder mit Weißwein und etwas heißem Wasser begießen. Zehn Minuten vor Ende der Garzeit kommt der gewürfelte Schinken dazu. Ente rausnehmen und warm stellen. Das Suppengemüse mit Schinken auch. Das wird extra serviert.

Bratfond loskochen, Crème fraîche hineinrühren und aufkochen lassen. Kräftig abschmecken.

Während die Ente gar wird, dünsten Sie das Sauerkraut mit dem durchwachsenen Speck und etwas Wasser in 20 Minuten gar. Ente auf dem Sauerkraut mit den Speckscheiben anrichten.

Beilage: Spätzle, Schupfnudeln oder Salzkartoffeln. Und als Getränk gibt es einen badischen Weißwein. Vielleicht einen würzigen Kaiserstühler.

Huhn mit Sauerkraut

Die Poularde waschen, trockentupfen und in Portionsstücke teilen.

Knoblauchzehen und Zwiebeln schälen und fein hacken. Das Öl in einer weiten Pfanne erhitzen, die Zwiebel darin glasig werden lassen. Den Knoblauch und das Paprikapulver zugeben und unterrühren. Die abgetropften Fleischstücke in die Pfanne legen und von allen Seiten anbraten. Mit Salz und Kümmel würzen, das Lorbeerblatt zugeben. Nach und nach 1 Tasse Geflügelbrühe angießen und die Poulardenstücke in etwa 20 Minuten zugedeckt halbgar dünsten.

Das gut abgetropfte Sauerkraut in die Pfanne geben. Die restliche Brühe angießen. Fleisch und Sauerkraut zugedeckt bei milder Hitze fertig garen. Das Lorbeerblatt entfernen.

Den Sauerrahm verrühren und über das Sauerkraut gießen. Nochmals 5 Minuten kochen lassen. Nach Wunsch mit etwas Honig abschmecken.

Beilage: Schupfnudeln

Zutaten für 4 Personen

1 kleine Poularde (etwa 1 kg)
4 Knoblauchzehen
2 große Zwiebeln
4 Eßlöffel Sonnenblumenöl
2 Teelöffel edelsüßes Paprikapulver
$1/2$ Teelöffel gemahlener Kümmel
1 Lorbeerblatt
2 Tassen Geflügelbrühe
500 g Sauerkraut
$1/4$ l Sauerrahm
1 Teelöffel Honig

Huhn in Weißwein

Zutaten für 4 Personen

1 Mastpoularde
von 1,2–1,5 kg
150 g durchwachsener
geräucherter Speck
16 Schalotten
2 Knoblauchzehen
Salz
weißer Pfeffer
1 Eßlöffel Mehl
1 Zweig Thymian
1/2 Lorbeerblatt
2 cl Tresterschnaps
1 Flasche Weißwein
(z. B. Gutedel 0,75 l)
100 g Sahne

Die Poularde waschen, mit einem Küchentuch trockentupfen und mit einem scharfen Messer oder einer Küchenschere in 8 Teile zerlegen, dabei das Rückgrat entfernen.

Den Speck in Würfel schneiden, die Schalotten abziehen, Knoblauch schälen und fein hacken. Die Speckwürfel in einem Schmortopf oder einem feuerfesten Steinguttopf glasig braten und die Schalotten darin unter Rühren hellgelb rösten, Knoblauch zugeben. Speckwürfel und Schalotten mit einer Schöpfkelle herausnehmen.

Die Geflügelteile mit Salz und Pfeffer einreiben, in dem Mehl wenden – überflüssiges Mehl abklopfen – und in dem Speckfett von allen Seiten goldgelb braten. Thymian und Lorbeerblatt hinzufügen und mit dem Tresterschnaps übergießen. Die Speckwürfel und die Schalotten in den Topf geben. Den Wein über die Poularde gießen und alles zugedeckt bei leichter Hitze etwa eine Stunde auf dem Herd schmoren lassen.

Die Geflügelstücke herausnehmen und zugedeckt warm stellen. Die Sahne in die Soße rühren und im offenen Topf etwas einkochen lassen. Die Poulardenteile wieder in die Soße geben und noch einmal darin durchkochen. In einer vorgewärmten Terrine anrichten.

Beilage: Bandnudeln oder Petersilienkartoffeln und Mangoldgemüse.

Fasan badische Art

Fasan unter fließendem Wasser abspülen. Mit Haushaltspapier trockentupfen. Innen und außen mit Salz einreiben und leicht pfeffern. Flügel und Keulen mit einem Faden festbinden (dressieren heißt das in der Fachsprache). Dann in den Bräter legen, mit zerlassener Butter begießen und mit den Speckscheiben belegen. Besonders Brust und Keulen sollen davon bedeckt sein. In den vorgeheizten Ofen schieben. Bei größeren Fasanen untere Schiene, bei kleinen obere. Bratzeit: 60 bis 90 Minuten bei 200 Grad. Während der Bratzeit nach und nach mit dem heißen Wasser begießen und gelegentlich Bratfond überschöpfen. Nach 30 Minuten das Suppengemüse, Lorbeerblatt und die Wacholderbeeren zufügen. 10 Minuten vor Ende der Garzeit die Speckscheiben abnehmen und aufbewahren. Fasan aus dem Backofen nehmen. Faden entfernen. Auf einer vorgewärmten Platte warm stellen. Bratfond loskochen. Rotwein angießen. Speisestärke mit kaltem Wasser anrühren. Bratfond damit binden. In Streifen oder Würfel geschnittene Speckscheiben in der Soße erhitzen. Topf vom Herd nehmen. Sahne und Weintrauben reinrühren. Soße abschmecken und noch einmal bis kurz vorm Siedepunkt erhitzen.
Fasan und Soße getrennt reichen.
Beilagen: Sauerkraut und Schupfnudeln.

Zutaten für 4 Personen

1 Fasan von 1 kg oder zwei
Fasane von je 500 g,
küchenfertig
Salz
Pfeffer
50 g Butter
150 g geräucherter durchwachsener oder fetter Speck
in Scheiben
$1/4$ l heißes Wasser
1 Bund Suppengemüse,
fein geschnitten
1 Lorbeerblatt
3 Wacholderbeeren
2 Teelöffel Speisestärke
1 Glas Rotwein
$1/8$ l Sahne
200 g Weintrauben, halbiert
und entkernt

Rehragout

Zutaten für 4 Personen

750 g Rehfleisch ohne
Knochen
2 Zwiebeln
1 Knoblauchzehe
70 g Schweineschmalz
Salz
schwarzer Pfeffer
200 g frische Champignons
1 kleine Dose Tomatenmark
$^1/_8$ l Rotwein
(z. B. Spätburgunder)
$^1/_8$ l heiße Fleischbrühe
aus Würfeln
1 Prise Zucker
1 Teelöffel Essig
$^1/_2$ Teelöffel getrocknetes
Basilikum
100 g saure Sahne

Fleisch unter kaltem Wasser abspülen, mit Haushaltspapier abtrocknen und in 2 cm große Würfel schneiden.

Zwiebeln und Knoblauchzehe schälen und klein hacken. Schweineschmalz in einem breiten Topf erhitzen. Fleisch reingeben und rundherum in 10 Minuten anbraten. Zwiebeln und Knoblauch zugeben. Das Rehragout mit Salz und Pfeffer würzen.

Die geputzten Champignons waschen, abtropfen lassen, blättrig schneiden und mit dem Tomatenmark zum Fleisch geben. Rotwein und Fleischbrühe angießen. Vorsichtig umrühren.

Zugedeckt bei mittlerer Hitze 60 Minuten schmoren lassen. Mit Zucker, Essig und Basilikum abschmecken. Die verquirlte saure Sahne reinrühren, Ragout in eine vorgewärmte Schüssel füllen und sofort servieren.

Beilagen: Gedünstete Pfifferlinge, hausgemachte Nudeln oder Kartoffelpüree.

Entenleber mit Weintrauben

Entenlebern unter kaltem Wasser abspülen.
Mit Haushaltspapier trockentupfen. Butter
oder Margarine im Topf erhitzen. Lebern auf
beiden Seiten darin anbraten. Mit Salz, Pfeffer
und Muskat würzen. Bei geschlossenem Topf
15 Minuten schmoren. Lebern rausnehmen und
warm stellen.
Fleischextrakt mit 2 Eßlöffel heißem Wasser auflösen und in den Fond geben. Salzen. Gewaschene
Weintrauben zugeben und 5 Minuten leicht
kochen lassen. Speisestärke mit wenig kaltem
Wasser anrühren. Soße damit binden. Kurz aufkochen lassen. Mit Armagnac abschmecken. Heiß
über die angerichteten Lebern geben.
Beilagen: Feldsalat und Kartoffelpüree.

Zutaten für 4 Personen

8 Entenlebern
40 g Butter oder Margarine
Salz
weißer Pfeffer
1 Messerspitze Muskat
$^1/_2$ Teelöffel Fleischextrakt
(Fertigprodukt)
2 Eßlöffel heißes Wasser
250 g grüne oder blaue
Weintrauben
2 Teelöffel Speisestärke
1 Glas (4 cl) Armagnac

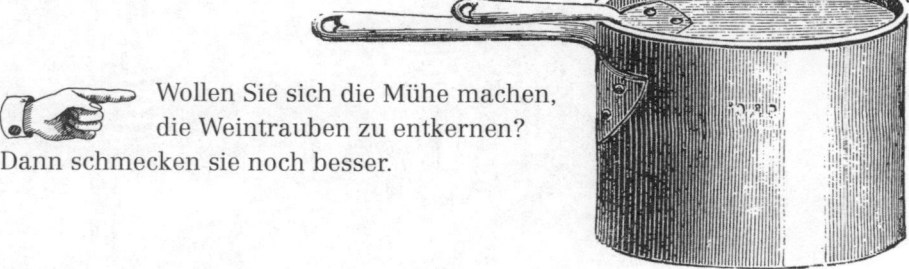

Wollen Sie sich die Mühe machen,
die Weintrauben zu entkernen?
Dann schmecken sie noch besser.

Desserts und süße Hauptspeisen

Apfelküchle

Zutaten für 4 Personen

5–6 säuerliche Äpfel
2 cl Rum
Butter
Butterschmalz oder Schweineschmalz zum Ausbacken
Zucker und Zimt zum Wenden
Für den Ausbackteig:
100 g Mehl
3 Eier, getrennt
1 Eßlöffel Zucker
1 Prise Salz
etwas abgeriebene Schale von
einer unbehandelten Zitrone
1/8 l helles Bier

Für den Ausbackteig das Mehl in eine Schüssel geben. Eigelb, Zucker, Salz und Zitronenschale hinzufügen und unter ständigem Rühren mit einem Schneebesen das Bier hinzugießen. So lange rühren, bis ein glatter Teig entstanden ist. Eine Stunde stehen lassen.

Inzwischen die Äpfel schälen, mit einem Ausstecher die Kerngehäuse entfernen und die Äpfel in 1 cm dicke Ringe schneiden. Mit Rum beträufeln. Eiweiß steif schlagen und unter den Teig ziehen. Das Ausbackfett in einer tiefen Pfanne erhitzen, bis sich um einen hineingehaltenen Holzlöffelstiel kleine Bläschen bilden. Die Apfelringe der Reihe nach in dem Ausbackteig wenden und in dem heißen Fett schwimmend von beiden Seiten goldbraun backen. Mit einem Schaumlöffel herausheben und auf Küchenpapier gut abtropfen lassen. Die Apfelküchle in Zimtzucker wenden und noch warm servieren.

 Sie können die Küchle als Nachtisch mit Vanillesoße reichen oder zum Kaffee servieren.

Kirsch-Quark Schwarzwälder Art

Vollkornbrot fein zerreiben oder in der Küchenmaschine zerkleinern. Schokolade reiben. Mit Haselnüssen und zwei Eßlöffeln Zucker in einer Schüssel mischen. In vier Glasschalen verteilen.

Sauerkirschen in kaltem Wasser waschen, entstielen, abtropfen lassen und entsteinen. In Wasser mit 1 Päckchen Vanillinzucker 5 Minuten kochen lassen. Kirschwasser reinmischen.

Zwei Drittel abgetropfte Kirschen in die Glasschalen verteilen. Restlichen Vanillinzucker und restliche 2 Eßlöffel Zucker in einer Schüssel mit dem Quark glattrühren. Steif geschlagene Sahne unterheben. Masse in einen Spritzbeutel füllen. Auf die Kirschen verteilen. In die Mitte einen dicken Tuff Creme setzen. Mit den restlichen Kirschen und geraspelter Schokolade garniert kalt servieren.

Zutaten für 4 Personen

70 g frisches Vollkornbrot
70 g bittere Schokolade
70 g geriebene Haselnüsse
4 Eßlöffel Zucker
750 g Sauerkirschen
$1/8$ l Wasser
2 Päckchen Vanillinzucker
1 Glas (2 cl) Kirschwasser
250 g Sahnequark
$1/8$ l Sahne
1 Stück Vollmilchschokolade

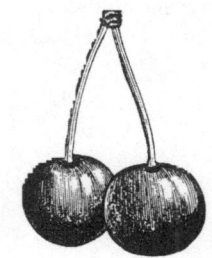

Pfitzauf

Zutaten für 4 Personen

250 g Mehl
knapp 1/2 l Milch
4 Eier
30 g Zucker
Salz
Margarine zum Einfetten
Puderzucker zum Bestäuben

Der Pfitzauf ist ein kulinarisches Lieblingskind in Baden und Schwaben und wird auch Kuchenmichel genannt. Er ist ein leckeres Dessert oder Kaffeegebäck und schmeckt warm genauso gut wie kalt. Gebacken wird er in den traditionellen Pfitzaufförmchen. Wer sie nicht hat, füllt den Teig in feuerfeste Förmchen, Becher oder hohe Tassen.

Mehl in eine Schüssel geben. Mit Milch glattrühren. Nach und nach Eier, Zucker und eine Prise Salz reinrühren. 16 Backförmchen gut mit Margarine einfetten. Halb mit Teig füllen. Auf den Backrost stellen und in den vorgeheizten Ofen auf die untere Schiene schieben. 40 Minuten bei 200 Grad backen.

Kuchen aus den Förmchen lösen und auf eine Platte stürzen. Dick mit Puderzucker bestäuben. Beilagen: Kirsch-, Pflaumen- oder Apfelkompott. Ißt man die Pfitzaufs kalt, reicht man Schlagsahne oder Sirup dazu.

 Wenn Sie Pfitzaufs als Kaffeegebäck servieren wollen, können Sie sie auch mit Marmelade oder einer Quark-Obst-Mischung füllen.

Pfitzaufs schmecken auch pikant. Lassen Sie den Zucker beim Teig weg. Füllen Sie nach dem Backen mit Kräuter-, Paprika- oder Champignonkäsecreme (fertig gekauft). Als Vorspeise oder mit gemischtem Salat als leichtes Abendessen reichen.

Holderküchle

Diesen aparten Nachtisch sollten Sie unbedingt mal zubereiten. Er schmeckt nicht nur gut, er sieht auch hübsch aus und ist dazu auch noch ausgesprochen gesund.

Für den Teig Mehl in eine Schüssel geben. In die Mitte eine Mulde drücken. Salz, Eigelb, Milch und Wasser in einer Schüssel verquirlen. Mischung mit dem Schneebesen nach und nach von der Mitte aus in das Mehl rühren. Teig 30 Minuten ruhen lassen, damit das Mehl quellen kann.

Eiweiß und Vanillinzucker in einer Schüssel mit dem Schneebesen oder dem Elektroquirl steif schlagen und unter den Teig heben. Holunderblütendolden unter kaltem Wasser abspülen. Mit Haushaltspapier vorsichtig trockentupfen.

Butter in einer Pfanne erhitzen. Die Dolden in den Teig tauchen. Jeweils 4 Küchel in der heißen Butter (Stielende nach oben) backen. Auf Tellern anrichten. Zucker mit Zimt mischen. Holunderblüten-Küchel damit bestreuen, heiß servieren.

Zutaten für 4 Personen

Für den Teig:
150 g Mehl
1 Prise Salz
3 Eigelb
1/4 l Milch
1/4 l Wasser
3 Eiweiß
1 Päckchen Vanillinzucker
12 Holunderblütendolden
Zum Braten:
100 g Butter
Zum Bestreuen:
50 g Zucker
1/2 Teelöffel Zimt

☞ Es sieht lustig aus, die Doldenstiele dranzulassen und die Küchel so zu servieren. Wenn Sie aber ganz fein sein wollen, müssen Sie die Stiele abschneiden.

Bühler Pflaumen-Pudding

Zutaten für 4 Personen

Für den Pudding:
500 g Pflaumen
1 Stange Zimt
(etwa 5 cm lang)
3 Nelken
Schale einer Zitrone
3/8 l Wasser
150 g Zucker
40 g Speisestärke
8 Eßlöffel Weißwein
Für die Mandelsoße:
10 g Speisestärke
3/8 l Milch
2 Eigelb
50 g gemahlene Mandeln
50 g Zucker
2 Eiweiß

Streng küchentechnisch ist der Pflaumen-Pudding ein Flammeri. Aber weil jeder ihn als Pudding kennt, nennen wir ihn auch so.
Pflaumen waschen, abtropfen lassen und entsteinen. Zimt, Nelken, Zitronenschale, Wasser, Zucker und Pflaumen in einem Topf aufkochen und 15 Minuten kochen lassen. Zimtstange, Nelken und Zitronenschale rausnehmen. Die Pflaumen durch ein Haarsieb streichen oder im Mixer pürieren. Wieder in den Topf geben. Speisestärke mit Weißwein in einem Schälchen glattrühren. Pflaumen damit binden, aufkochen.
Sofort in vier kleine, kalt ausgespülte Puddingförmchen füllen. Abkühlen lassen. 90 Minuten im Kühlschrank erkalten lassen.
In der Zwischenzeit für die Mandelsoße Speisestärke mit etwas kalter Milch in einer Tasse glattrühren. Eigelb in einer anderen Tasse verquirlen. Mit der Speisestärke mischen. Restliche Milch mit Mandeln und Zucker in einem Topf aufkochen. Speisestärke reinrühren. Einmal aufkochen lassen und Topf vom Herd nehmen. Eiweiß in einer Schüssel steif schlagen. Unter die Mandelsoße rühren. Pflaumenpudding aus den Förmchen auf eine Platte stürzen. Kalte Mandelsoße getrennt servieren.

Den Pflaumen-Pudding können Sie zusätzlich mit gehackten oder gemahlenen Mandeln zubereiten. Außerdem können Sie statt Weißwein Rotwein oder hochprozentigen Rum nehmen.

Weincreme

Zutaten für 4 Personen

6 Blatt weiße Gelatine
4 Eigelb
75 g Zucker
1 Päckchen Vanillinzucker
$^1/_4$ l herber Weißwein
Saft einer Orange
Saft einer Zitrone
2 Eiweiß
$^1/_4$ l Sahne
12 Löffelbiskuits
2 Glas (je 2 cl) Orangenlikör
Zum Garnieren:
250 g blaue Weintrauben

Gelatine in einer Schüssel mit kaltem Wasser 10 Minuten einweichen.
Eigelb in einer feuerfesten Schüssel mit Zucker und Vanillinzucker schaumig rühren. Weißwein, Orangen- und Zitronensaft zugeben. Im kochenden Wasserbad in 3 Minuten cremig schlagen. Rausnehmen. Ausgedrückte Gelatine in die heiße Creme rühren. So lange rühren, bis sich die Gelatine aufgelöst hat. Creme abkühlen lassen. Dann im Kühlschrank erstarren lassen.
Eiweiß in einer Schüssel zu festem Schnee schlagen. Sahne auch steif schlagen. Kurz bevor die Creme ganz fest wird, zuerst den Eischnee, dann die Sahne unterheben. Bitte die Reihenfolge beachten.
Löffelbiskuits mit Orangenlikör beträufeln. Die Hälfte der Creme in Gläser füllen. Darauf die Löffelbiskuits legen. Mit der restlichen Creme bedecken. 60 Minuten zugedeckt in den Kühlschrank stellen. Weintrauben waschen, Beeren von den Stielen zupfen. Entkernen. Creme damit garnieren und kühl servieren.
Wann reichen? Als Dessert oder als sommerliche Erfrischung.

 Statt mit Orangenlikör kann man die Löffelbiskuits auch mit Weinbrand beträufeln.

Pfittele mit Weinschaumsoße

Zutaten für 4 Personen

Für den Brandteig:
75 g Butter
³/₈ l Wasser
1 Prise Salz
1 Päckchen Vanillinzucker
300 g Mehl
6 Eier
75 g Korinthen
750 g Kokosfett oder
1 l Öl zum Fritieren
Für die Soße:
3 Eier
100 g Zucker
¹/₄ l Weißwein
2 Eßlöffel Zitronensaft
abgeriebene Schale einer
halben Zitrone

Pfittele sind köstliche Brandteigkrapfen, die auch Schneebälle heißen. Unbedingt ausprobieren!

Butter, Wasser, Salz und Vanillinzucker in einem Stieltopf aufkochen. Bei geringer Hitze das Mehl unter Rühren auf einmal reinschütten. Teig so lange abrühren (abbrennen), bis er sich zu einem Kloß zusammenballt und trocken ist. Vom Herd nehmen.

Den Teig in eine Schüssel umfüllen und ein Ei unterrühren. Restliche Eier nach und nach untermischen, das nächste Ei immer erst dann zugeben, wenn der Teig wieder gebunden ist. Korinthen gründlich waschen, mit Küchenkrepp abtrocknen und unter den Teig mischen. Teig in einen Spritzbeutel ohne Tülle oder mit runder Lochtülle füllen. Kokosfett oder Öl im Fritiertopf oder in der Friteuse auf 170 Grad erhitzen. Teig nach und nach in aprikosengroßen Klößen ins Fett gleiten lassen. In 15 Minuten goldgelb und knusprig backen. Auf Küchenkrepp abtropfen, dann auskühlen lassen.

Für die Weinschaumsoße Eier, Zucker, Weißwein und Zitronensaft in einem hohen Topf gut miteinander verrühren. Im Wasserbad so lange schlagen, bis eine cremige Masse entsteht. Nicht kochen lassen! Geriebene Zitronenschale untermischen. Sofort heiß zu den Brandteigkrapfen servieren.

Kirschenplotzer

Der Kirschenplotzer heißt auch Kirschmichel, Kirschenmichel, Kirschpluzzer oder Kerscheplotzer. Bekannt ist er überall in deutschen Landen. Und es gibt darum eine Menge recht unterschiedlicher Rezepte. Dies ist eins, das mit Weißbrot zubereitet wird. Manchmal macht man den Kirschmichel auch mit Schwarzbrot. Versuchen Sie doch dieses Rezept mal.

Feuerfeste Form mit Butter einfetten und mit Semmelbröseln ausstreuen.

Weißbrot in etwa 1 cm dicke Scheiben schneiden. Halbieren. Dann die Form gleichmäßig mit einem Drittel der Weißbrotscheiben schuppenförmig auslegen.

Mit der Hälfte der gewaschenen, entstielten, abgetropften und entsteinten Kirschen belegen. Dann kommt wieder eine Schicht Weißbrot und Kirschen. Letzte Schicht: Weißbrot.

Eier, Zucker, Salz und Milch in einer Schüssel verquirlen. Kirschwasser und Zitronenschale zugeben. Über den Auflauf gießen und etwa 5 Minuten einziehen lassen.

Form in den vorgeheizten Ofen auf die mittlere Schiene stellen. 45 Minuten bei 220 Grad backen. Kirschmichel aus dem Ofen nehmen und, solange er noch heiß ist, fein mit Puderzucker bestäuben und in der Form servieren.

Wann reichen? Als üppiges Dessert oder einfach als süßes Abendessen mit Vanille- oder Kirschsoße. Und dazu schmeckt Kirschsaft.

Zutaten für 4 Personen

Butter zum Einfetten
2 Eßlöffel Semmelbrösel
250 g Weißbrot
1 kg dunkle Süßkirschen
6 Eier
200 g Zucker
1 Prise Salz
1 l Milch
1 Glas (2 cl) Kirschwasser
abgeriebene Schale
einer Zitrone
75 g Puderzucker

Ofenschlupfer

Zutaten für 4 Personen

6 altbackene Brötchen
3/8 l Milch
80 g Zucker
1 Päckchen Vanillinzucker
500 g Äpfel
125 g kernlose Rosinen
100 g gemahlene Mandeln
Margarine zum Einfetten
Für den Guß:
4 Eier
1/8 l Milch
40 g Zucker
1/2 Teelöffel Zimt
abgeriebene Schale einer
Zitrone

Ofenschlupfer ist eigentlich ein Resteessen und stammt aus der schwäbischen Küche. Und weil es so gut schmeckt, ist es auch in Baden beliebt.

Brötchen in sehr dünne Scheiben schneiden. In eine Schüssel geben. Milch mit der Hälfte des Zuckers und dem Vanillinzucker in einem Topf erwärmen, bis sich der Zucker gelöst hat. Über die Brötchenscheiben gießen. Durchziehen lassen.

Äpfel schälen, vierteln. Kerngehäuse rausschneiden. Das Fruchtfleisch in sehr dünne Scheiben schneiden. Mit dem restlichen Zucker, den gewaschenen, abgetropften Rosinen und den Mandeln mischen.

Eine Auflaufform mit Margarine einfetten. Mit Brötchen-Milch-Gemisch beginnend abwechselnd Apfelmasse und Brötchen in die Form schichten. Letzte Schicht: Brötchen-Milch-Gemisch.

Für den Guß Eier in einem Topf mit Milch verquirlen. Zucker, Zimt und Zitronenschale in einem Schälchen mischen und in die Eiermilch rühren. Eiermilch über den Ofenschlupfer gießen. Form auf die mittlere Schiene in den vorgeheizten Backofen stellen. 50 Minuten bei 200 Grad backen.

Die Form aus dem Ofen nehmen. Ofenschlupfer sofort in der Form servieren.

Wann reichen? Mit Fruchtsaft oder Vanillesoße als sättigenden Nachtisch.

Kastaniendessert

Kreuzweise eingeschnittene Kastanien auf einem Backblech in den vorgeheizten Ofen auf die mittlere Schiene schieben. Rösten, bis sich die Schalen nach außen biegen. Röstzeit: 10 Minuten bei 200 Grad.
Kastanien schälen. Mit Milch, Zucker und Vanillinzucker in einem Topf zum Kochen bringen und 30 Minuten bei schwacher Hitze garen.
Kastanien pürieren. Mit Rum und Mandeln mischen und im Kühlschrank 30 Minuten erkalten lassen.
Gekühlte Sahne in einer Schüssel steif schlagen. Die Hälfte unter das Kastanienpüree rühren. Rest in den Spritzbeutel füllen.
Püree in vier Dessertschälchen oder Gläser füllen. Mit der restlichen Sahne garniert sofort servieren.

Zutaten für 4 Personen

500 g Eßkastanien (Maronen)
$3/8$ l Milch
125 g Zucker
$1/2$ Päckchen Vanillinzucker
2 Glas (je 2 cl) Rum
50 g gehackte Mandeln
$1/4$ l Sahne

Kirsch-Kaltschale

Kirschen in kaltem Wasser waschen, entstielen, abtropfen lassen und entsteinen. Mit Zucker, Wasser und Zitronenschale in einem Topf 10 Minuten kochen. Speisestärke mit Kirschwasser anrühren. Kirschen damit binden. Zugedeckt im Kühlschrank abkühlen lassen.
4 Glasschüsselchen oder größere Gläser mit Löffelbiskuits auslegen. Kaltschale einfüllen. Sahne mit Zucker steif schlagen. Auf jede Portion kommt Schlagsahne, darauf gehackte Walnußkerne und Kokosraspeln.

Zutaten für 4 Personen

500 g dunkle Süßkirschen
100 g Zucker
$1/8$ l Wasser
abgeriebene Schale einer Zitrone
2 Teelöffel Speisestärke
2 Glas (je 2 cl) Kirschwasser
70 g Löffelbiskuits
$1/8$ l Sahne
1 Eßlöffel Zucker
10 Walnußkerne
2 Eßlöffel Kokosraspeln

Dampfnudeln

Zutaten für 4 Personen

500 g Mehl
50 g Zucker
30 g Hefe
¹/₄ l Milch
1 Ei
50 g Butter
abgeriebene Schale einer
ungespritzten Zitrone
1 Prise Salz
Zum Dämpfen:
¹/₄ l Milch
40 g Butter
50 g Zucker
Salz

Was wäre die süddeutsche Küche ohne Dampfnudeln, diese köstlichen, lockeren Gebilde. Für den Fremden ist der Name allerdings etwas irreführend, denn mit üblichen Nudeln haben sie nichts gemeinsam. Man sieht und schmeckt es aber sofort.

Mehl in eine Schüssel sieben. Zucker am Rand um das Mehl streuen. In die Mitte eine Vertiefung drücken. Die Hefe zerbröckeln, in die Vertiefung geben und mit etwas lauwarmer Milch zu einem Brei verrühren, wobei etwas Mehl und Zucker beigemischt werden. Schüssel mit einem Tuch zudecken, an einen warmen Ort stellen.

Nach 15 Minuten hat die Hefemasse sich verdoppelt. Ei mit der restlichen Milch verquirlen, zu der Mehlmischung geben. Weiche Butter in Flöckchen draufsetzen. Zitronenschale und Salz reingeben. Alles kräftig durchkneten. Den Teig auf einem bemehlten Backbrett so lange schlagen, bis er Blasen wirft.

Teig zu einer Rolle formen, in 14 Teile schneiden. Glatte Bällchen formen und auf dem bemehlten Backbrett an einer warmen Stelle etwa 30 Minuten aufgehen lassen.

In einen nicht zu kleinen Topf die Hälfte von Milch, Butter, Zucker und Salz geben. 7 Bällchen hineingeben. Deckel schließen. Flüssigkeit zum Kochen bringen. Dann den Teig bei schwacher Hitze etwa 20 Minuten dämpfen. Dabei muß der Topfdeckel fest geschlossen bleiben. Mit den restlichen 7 Bällchen ebenso verfahren.

Beilagen: Kompott, Vanille- oder Weinschaumsoße.

Eierkuchen mit Kirschen

Zutaten für 4 Personen

4 Eier
4 Eßlöffel Mehl
2 Eßlöffel Zucker
1/4 l Milch
1/4 l Wasser
1 Prise Salz
4 Eßlöffel Butter
500 g Kirschen aus dem Glas
(ohne Steine)
200 g gestoßener Zwieback
Zucker zum Bestreuen

Kaum etwas essen Kinder (und auch erwachsene Leckermäuler) lieber als Eierkuchen. Wenn diese dann auch noch mit Kirschen belegt sind, ist eigentlich der Eierkuchengipfel erreicht. Eier trennen. Eigelb schaumig rühren, vorsichtig Mehl und Zucker druntergeben. Milch und Wasser dazu, glattrühren, salzen. Das Eiweiß zu Schnee schlagen, unterheben.

1 Eßlöffel Butter in der Pfanne erhitzen, 1/4 des Teiges reingeben. Stocken lassen. 1/4 der Kirschen drauf verteilen, mit 50 g Zwieback bestreuen. Unterseite goldgelb backen, dann den Eierkuchen vorsichtig mit Hilfe eines Deckels wenden. Gar backen. Auf einen Teller gleiten lassen. Mit Zucker bestreuen. Noch drei Eierkuchen backen.

Wann reichen? Mit einer Suppe vorweg als Hauptgericht oder aus der halben Menge als Dessert.

Der Belag muß nicht unbedingt aus Kirschen bestehen. Ebenso gut schmecken Heidelbeeren, Himbeeren, auch Johannisbeeren oder Aprikosen.

Kuchen, Torten und Gebäck

Schwarzwälder Kirschtorte

Zutaten

Für den Schokoladenbiskuit:
6 Eigelb
6 Eßlöffel heißes Wasser
150 g Zucker
1 Päckchen Vanillinzucker
6 Eiweiß
1 Prise Salz
75 g Mehl
75 g Speisestärke
25 g Kakao
Margarine zum Einfetten
Für den Mürbeteig:
150 g Mehl
1 kleines Eigelb
65 g Zucker
1/2 Päckchen Vanillinzucker
abgeriebene Schale einer
halben Zitrone
1 Prise Salz
75 g Butter oder Margarine
Zum Bestreichen:
3 Eßlöffel Johannisbeergelee
1 Eßlöffel Kirschwasser
**Für die Füllung und
Garnierung:**
1 Glas entsteinte
Sauerkirschen (460 g)
5 g Speisestärke
6 Eßlöffel Kirschwasser
1 l Sahne
2 Eßlöffel Puderzucker
1 Päckchen Vanillinzucker
20 g Borkenschokolade

Für den Schokoladenbiskuit Eigelb in einer Schüssel mit heißem Wasser, Zucker und Vanillinzucker schaumig rühren. In einer anderen Schüssel Eiweiß mit Salz zu steifem Schnee schlagen. Über die Eigelbmasse gleiten lassen. Mehl, Speisestärke und Kakao in einer Schüssel mischen. Auf das Eiweiß geben und alles locker mischen.

Eine Springform von 26 cm Durchmesser einfetten. Teig reinfüllen. Form auf die mittlere Schiene in den vorgeheizten Ofen schieben. Backzeit: 50 Minuten bei 180 Grad. Form aus dem Ofen nehmen und den Biskuit lösen. Auf einem Kuchendraht abkühlen lassen. Während der Biskuit bäckt, den Mürbeteigboden vorbereiten. Mehl auf eine Arbeitsfläche schütten. In die Mitte eine Mulde drücken. Eigelb reingeben. Zucker, Vanillinzucker, Zitronenschale und Salz drüberstreuen. Die gut gekühlte Butter oder Margarine in Flöckchen auf dem Mehlrand verteilen. Alles von innen nach außen mit einer Teigkarte hacken. Dann mit kühlen Händen schnell zu einem geschmeidigen Teig kneten. Zugedeckt 30 Minuten in den Kühlschrank stellen. Nun den Boden einer Tortenform von 26 cm Durchmesser mit dem Teig auslegen. Das macht man am besten mit den Händen. Den Teig vorher nicht ausrollen. Form auf die mittlere Schiene in den vorgeheizten Backofen schieben. Backzeit: 25 Minuten bei 220 Grad. Form rausnehmen. Boden aus der Form lösen und auf einen Kuchendraht stürzen. Abkühlen lassen.

Johannisbeergelee und Kirschwasser verrühren.
Auf den Mürbeteigboden streichen. Den Schokoladenbiskuit quer einmal durchschneiden. Einen
Boden auf den Mürbeteigboden setzen.
Zum Füllen die Kirschen abtropfen lassen. 12 besonders schöne Kirschen zum Garnieren beiseite
legen. Den Saft auffangen und knapp $1/8$ l abmes-
sen. Saft in einem Topf aufkochen. Speisestärke in
einem Becher mit etwas Saft glattrühren. In den
kochenden Saft rühren. Kurz aufkochen lassen.
Topf vom Herd nehmen. Masse erkalten lassen.
Mit den Kirschen und 2 Eßlöffeln Kirschwasser
mischen. Wenn die Masse ganz kalt ist, auf den
Biskuit streichen.
Die Hälfte der gut gekühlten Sahne mit einem halben Eßlöffel Puderzucker und $1/2$ Päckchen
Vanillinzucker in einer Schüssel sehr steif schlagen. Dann 2 Eßlöffel Kirschwasser reinrühren.
Auf die Kirschen streichen. Den zweiten Biskuit-
boden drauflegen. Torte 20 Minuten in den Kühlschrank stellen.
In der Zwischenzeit die restliche Sahne mit Puderzucker und Vanillinzucker in einer Schüssel steif
schlagen. Mit dem restlichen Kirschwasser
mischen. 6 Eßlöffel Sahne in einen Spritzbeutel
mit Sterntülle füllen.
Torte aus dem Kühlschrank nehmen. Rand und
Oberfläche mit der Sahne bestreichen. Auf der
Oberfläche 12 Stücke markieren. Auf jedes Stück
einen Sahnetupfer (aus dem Spritzbeutel) setzen
und mit je einer Kirsche belegen. Borkenschokolade zerkrümeln. Sahnetupfen damit bestreuen.

Kartoffeltorte

Zutaten

250 g Kartoffeln
50 g kernlose Rosinen
2 Glas (je 2 cl) Rum
oder Weinbrand
6 Eigelb
150 g Zucker
1 Prise Salz
abgeriebene Schale einer
Zitrone
100 g gemahlene Mandeln
50 g Zitronat
6 Eiweiß
Butter zum Einfetten
1 Eßlöffel Semmelbrösel
20 g Puderzucker

Am Vortag die Kartoffeln unter fließendem Wasser abbürsten. In einen Topf geben. Mit Wasser bedeckt 25–30 Minuten zugedeckt kochen lassen. Abgießen und ausdämpfen lassen. Etwas abkühlen, dann abziehen. In einer Schüssel zugedeckt stehen lassen.

Am nächsten Tag die Rosinen in einem Sieb unter fließendem Wasser abspülen. In eine Schüssel geben. Mit Rum oder Weinbrand begießen und 60 Minuten quellen lassen.

Kartoffeln fein reiben. Eigelb in einer großen Schüssel mit Zucker und Salz sehr schaumig rühren. Nach und nach Zitronenschale, Mandeln und das feingeschnittene Zitronat dazugeben. Dann die Kartoffeln und die abgetropften Rosinen untermischen. Eiweiß in einer Schüssel steif schlagen. Vorsichtig unterziehen.

Eine Springform von 24 cm Durchmesser mit Butter einfetten und mit Semmelbröseln ausstreuen. Teig einfüllen und die Form in den vorgeheizten Ofen auf die mittlere Schiene stellen. Backzeit: 60 Minuten bei 180 Grad.

Springform öffnen und den Kuchen auf einen Kuchendraht gleiten lassen. Mit Puderzucker bestäuben.

 Kartoffeltorte hübsch garniert: Schneiden Sie eine Schablone aus Pappe. Auf die Torte legen. Mit Puderzucker bestäuben. Schablone vorsichtig abnehmen.

Springerle

Springerle sind ein typisches Weihnachts-
gebäck, und ihr gutes Gelingen ist in jeder
Familie Ehrensache. Zum Backen werden alte
Holzmodeln verwendet, die von Generation zu
Generation vererbt wurden. Früher schnitzte man
die Modeln selber, aus Holz und auch aus Leder.
In manchem Dorf ist es heute noch Brauch, sich in
der Adventszeit zu „Springerles-Backabenden"
zusammenzufinden. Ihren Namen haben die
Springerle vermutlich deshalb, weil der Teig beim
backen fast um die Hälfte aufgeht.
Eier und Zucker 20 Minuten schaumig rühren. In
Rum aufgelöstes Hirschhornsalz, Zitronenschale
und Salz dazugeben. Mehl unterrühren. Den Teig
gut durchkneten. 3 Stunden zugedeckt im Kühlschrank ruhen lassen.
Arbeitsfläche mit Mehl bestäuben. Teig darauf
7 mm dick ausrollen. Bemehltes Holzmodel darauflegen. Fest andrücken. Wiederholen, bis die
ganze Teigfläche bedruckt ist. Teig ringsum abschneiden oder abrädeln. Mit einem Messer aufs
gefettete, dünn mit Anis bestreute Backblech setzen. Mit einem Küchentuch bedeckt an einer
kühlen Stelle 12 Stunden stehen lassen.
Blech in den vorgeheizten Ofen auf die mittlere
Schiene schieben. Backzeit: 30 Minuten bei
160 Grad. Die Springerle müssen weiß bleiben
und gleichmäßig hoch werden. (Plätzchen eventuell nach 15 Minuten Backzeit mit Pergamentpapier bedecken.) Blech aus dem Ofen nehmen. Jedes Plätzchen mit einem trockenen Pinsel von
Mehlrückständen befreien. Ergibt 112 Stück.

Zutaten

4 Eier
500 g Puderzucker
1 Eßlöffel Rum
1 Prise Hirschhornsalz
abgeriebene Schale einer
Zitrone
1 Prise Salz
500 g Mehl
Mehl zum Ausrollen und
Bestäuben
Margarine zum Einfetten
2 Eßlöffel Anissamen

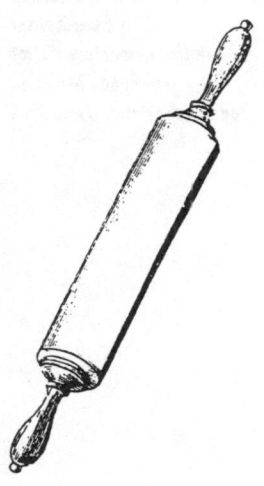

Rhabarbertorte

Für den Belag:
1 kg Rhabarber
400 g Zucker
Für den Teig:
100 g Margarine
75 g Zucker
1 Ei
2 Eßlöffel Weißwein
250 g Mehl
2 Teelöffel Backpulver
Margarine zum Einfetten
Für den Guß:
1/8 l saure Sahne
2 Eier
50 g Zucker
1 Teelöffel gemahlener Zimt
50 g gemahlene Mandeln
Puderzucker zum Bestäuben

Für den Belag Rhabarber abziehen, unter kaltem Wasser waschen, abtropfen lassen und in 3 cm lange Stücke schneiden. In eine Schüssel geben. Mit Zucker bestreut zugedeckt 60 Minuten ziehen lassen.

In der Zwischenzeit für den Teig Margarine mit Zucker in einer Schüssel schaumig schlagen. Ei und Weißwein einrühren. Mehl mit Backpulver mischen. Erst unterrühren, dann von außen nach innen zu einem geschmeidigen Teig kneten. Zugedeckt 30 Minuten in den Kühlschrank stellen. Springform mit einem Durchmesser von 26 cm mit Margarine einfetten. Mit dem Teig auskleiden. Dabei einen 3 cm hohen Rand formen.

Rhabarber auf einem Sieb abtropfen lassen (Saft auffangen. Kann als Getränk serviert werden). Rhabarber auf dem Teig verteilen. Form in den vorgeheizten Ofen auf die mittlere Schiene stellen. Backzeit: 40 Minuten bei 180 Grad.

Für den Guß saure Sahne mit den Eiern in einer Schüssel verquirlen. Zucker, Zimt und gemahlene Mandeln unterrühren.

Kuchen aus dem Ofen nehmen. Guß darauf verstreichen. Wieder in den Ofen stellen und nochmal 25 Minuten backen.

Kuchen aus dem Ofen nehmen und aus der Form lösen. Auf einen Kuchendraht gleiten lassen. Mit Puderzucker bestäuben und abkühlen lassen.

Hutzelbrot

Hutzeln, Hotzeln oder Kletzen: So nennt man in Österreich und Süddeutschland getrocknete, kleine Birnen. Sie kommen als geschälte, halbierte und entkernte Dörrfrüchte auf den Markt und sind zart, weich und süß. Das Hutzelbrot ist in Baden und Schwaben ein beliebtes Weihnachtsgebäck. Aber es schmeckt natürlich auch an kalten Herbsttagen. In kleinen Laiben gebacken, wird es aufgeschnitten und gern zu Glühwein gereicht.

Zwetschen, Birnen und Feigen mit 1 l Wasser bedeckt in einer Schüssel über Nacht einweichen. Obst auf einem Sieb abtropfen lassen. Zwetschen, Birnen, Feigen, Aprikosen und Nußkerne grob zerkleinern. In eine Schüssel geben. Rosinen, Korinthen, gewürfeltes Zitronat und Orangeat dazugeben. Zucker und Gewürze drüberstreuen. Rum (oder Kirschwasser) und Zitronensaft drübergießen. Mischen und 20 Minuten durchziehen lassen.

Obstmischung mit dem Schwarzbrotteig und dem Mehl auf der Arbeitsplatte gut verkneten. 2 Brotlaibe formen. Hände unter kaltem Wasser anfeuchten. Brotlaibe damit glattstreichen. Mit den Mandelhälften garnieren.

Backblech einfetten. Hutzelbrote draufsetzen. In den vorgeheizten Ofen auf die untere Schiene schieben. Backzeit: 70 Minuten bei 180 Grad. Blech aus dem Ofen nehmen. Jedes Brot in 10 Scheiben schneiden.

Zutaten

250 g getrocknete, entkernte Zwetschen
250 g getrocknete Birnen
150 g getrocknete Feigen
1 l Wasser zum Einweichen
65 g getrocknete Aprikosen
je 65 g Haselnuß- und Walnußkerne
125 g Rosinen und Korinthen
je 65 g gewürfeltes Zitronat und Orangeat
125 g Zucker
1 Teelöffel Zimt
je 1 Prise Nelkenpfeffer und gemahlener Anis
1 Prise Salz
je 2 Eßlöffel Rum (oder Kirschwasser) und Zitronensaft
500 g Schwarzbrotteig vom Bäcker
200 g Mehl
20 geschälte Mandelhälften
Margarine zum Einfetten

Badische Apfelrolle

Zutaten

Für den Teig:
250 g Mehl
65 g zerlassene Butter
1 großes Ei
1 kräftige Prise Salz
$^1/_8$ l Wasser
Für die Füllung:
500 g mürbe Äpfel
2 gestrichene Eßlöffel
Zucker
1 gestrichener Teelöffel Zimt
2 Eßlöffel Rosinen
2 Eßlöffel gehackte Mandeln
200 g Orangengelee
1 Eßlöffel Butter zum
Einfetten
1 Eigelb

Mehl aufs Backbrett sieben. Eine Mulde in die Mitte drücken. Lauwarme Butter mit dem leicht verquirlten Ei, Salz und Wasser verrühren. In die Mulde geben. Teig kneten. Ordentlich schlagen, damit er geschmeidig wird. 20 Minuten ruhen lassen.

Äpfel schälen, entkernen und in dünne Schnitze schneiden. Mit Zucker, Zimt, Rosinen und Mandeln mischen. Teig auf einem großen Tuch ausrollen. Über dem Handrücken vorsichtig auseinanderziehen. So dünn, daß man eine Zeitung darunter lesen könnte.

Teig mit Orangengelee bestreichen. An einer Seite in Form einer Rolle mit der Füllung belegen. An den Enden einschlagen. Dann rollen. Dazu das Tuch anheben, so daß sich die Rolle beinahe von selbst formt. Enden einschlagen und andrücken. Backblech fetten. Rolle gerade draufheben (mit dem Pfannenmesser). Im vorgeheizten Backofen 30 Minuten bei 220 Grad backen.

Eigelb verquirlen und nach der halben Backzeit die Rolle damit bestreichen.

☞ Manche bestreichen den ausgezogenen Teig erst dünn mit zerlassener Butter und verteilen dann die Füllung darauf.

Gugelhupf

Zutaten

40 g Hefe
2 Teelöffel Zucker
$^1/_8$ l lauwarme Milch
500 g Mehl
50 kernlose Rosinen
2 Eßlöffel Rum
200 g Butter
90 g Puderzucker
4 Eier
2 Teelöffel Salz
1 Eßlöffel Mehl zum
Bestäuben
Margarine zum Einfetten
10 geschälte ganze Mandeln

Hefe zerbröckeln, mit Zucker und der halben Menge Milch verrühren, mit 100 g Mehl zu einem Vorteig mischen und zugedeckt an einem warmen Ort 20 Minuten gehen lassen.

Inzwischen die gewaschenen, abgetropften Rosinen in Rum einweichen, Butter und Puderzucker schaumig rühren. Eier, Salz, den Rum von den eingeweichten Rosinen, die restliche Milch und den Rest des Mehls druntermischen und zu einem glatten, glänzenden Teig verarbeiten. Hefevorteig drunterkneten. Den Teig kräftig schlagen, bis er sich vom Schüsselrand löst. Rosinen mit Mehl bestäuben, drunterkneten.

Eine Napfkuchenform von 24 cm Durchmesser und 10 cm Höhe sorgfältig einfetten. Die Mandeln halbieren und mit der Schnittseite nach oben auf dem gerippten Boden der Form gleichmäßig verteilen. Den Teig einfüllen. Die Form soll nur zur Hälfte gefüllt sein. Etwa 2 Stunden zugedeckt an einem warmen, zugfreien Platz gehen lassen, bis der Teig den Rand der Form erreicht hat.

Form in den vorgeheizten Backofen auf die mittlere Schiene stellen und den Kuchen goldbraun backen. Backzeit: 35 Minuten bei 200 Grad. Kuchen gleich aus der Form lösen und auf einen Kuchendraht stürzen.

 Diesen Gugelhupf können Sie auch mit 30 g Puderzucker bestäuben.

Frauenschenkeli

Zutaten

Für den Teig:
50 g Butter
120 g Zucker
2 Eier
1 Prise Salz
abgeriebene Schale einer
Zitrone
1 Eßlöffel Kirschwasser
250 g Mehl
$1/2$ Teelöffel Backpulver
Außerdem:
Mehl zum Ausrollen
1 l Öl oder 750 g Kokos-
fett zum Fritieren
40 g Puderzucker zum
Bestäuben

Schmalzgebackenes wird in Baden-Württemberg seit jeher mit Vorliebe zubereitet – früher vor allem vor Kirchweihtagen, heute zu Familienfesten. Neben Kirchweihgebäck, Krapfen und Strauben unterschiedlicher Art gehören die Frauenschenkeli, die ganz ähnlich auch in der Schweiz gebacken werden, zum weithin bekannten Repertoire:

Butter in einer Schüssel schaumig rühren. Nach und nach den Zucker und die aufgeschlagenen Eier reingeben. Wenn sich der Zucker gelöst hat, Salz, Zitronenschale und Kirschwasser unterrühren. Mehl mit Backpulver mischen. Locker unter den Teig ziehen. Dann alles zu einem glatten Teig kneten. Zugedeckt 60 Minuten im Kühlschrank ruhen lassen.

Teig auf einem bemehlten Backbrett zu etwa 1 cm dicken Rollen formen und in 6 cm lange Stücke schneiden. Dabei an den Enden etwas abflachen. Öl oder Kokosfett im Fritiertopf oder in der Friteuse auf 150 Grad erhitzen. Immer 4 Schenkeli auf einmal reingeben und in 10 Minuten hellbraun backen. Schenkeli mit einem Schaumlöffel rausnehmen und auf einer dicken Schicht Haushaltspapier abtropfen lassen. Noch heiß mit Puderzucker bestäuben. Ergibt 40 Stück.

Linzer Torte badische Art

Mehl in eine Schüssel geben. Butter in dünnen Scheiben reinschneiden. Mischen. Zucker, Salz und Walnüsse oder Mandeln reingeben.

Zwiebäcke in einen Plastikbeutel geben und mit dem Nudelholz zerdrücken. Die Zwiebackbrösel, abgeriebene Zitronenschale, Zimt, Kakao, Ei und Kirschwasser in die Schüssel geben. Mit kühlen Händen rasch zu einem festen Teig kneten. Teig zugedeckt im Kühlschrank 30 Minuten ruhen lassen.

$2/3$ des Teiges auf einem bemehlten Backbrett 1 cm dick ausrollen. In eine Springform von 24 cm Durchmesser drücken und dabei einen Rand hochziehen. Johannisbeergelee oder Himbeermarmelade in einer Schüssel verrühren. Den Tortenboden dick damit bestreichen.

Restlichen Teig 3 mm dick ausrollen. Mit dem Teigrädchen lange, etwa 1 1/2 cm breite Streifen ausradeln. Die Torte damit gitterartig belegen. Gitterstreifen mit Milch bestreichen. Torte auf die untere Schiene in den vorgeheizten Ofen stellen. Backzeit: 60 Minuten bei 180 Grad. Torte aus dem Ofen nehmen. Vorsichtig zum Abkühlen auf einen Kuchendraht gleiten lassen.

Torte möglichst erst am nächsten Tag servieren, damit sich ihr Aroma entfalten kann.

Zutaten

200 g Mehl
200 g gut gekühlte Butter
100 g Zucker
1 Prise Salz
100 g gemahlene Walnußkerne oder Mandeln
5 Zwiebäcke
abgeriebene Schale einer halben Zitrone
1 Teelöffel Zimt
1 Eßlöffel Kakao
1 Ei
1/2 Glas Kirschwasser
Mehl zum Ausrollen
Für die Füllung:
250 g Johannisbeergelee oder Himbeermarmelade
etwas Milch zum Bestreichen

Gelbe-Rüben-Torte

Zutaten

300 g Möhren
5 Eigelb
4 Eßlöffel heißes Wasser
200 g Zucker
1 Päckchen Vanillinzucker
5 Eiweiß
1 Prise Salz
250 g gemahlene Mandeln
8 Eßlöffel Semmelbrösel
$1/2$ Teelöffel Backpulver
$1/2$ Teelöffel gemahlener Zimt
1 Eßlöffel Kirschwasser
abgeriebene Schale einer
Zitrone
Margarine zum Einfetten
Für den Guß:
200 g Puderzucker
1 Eßlöffel Kakao
2 Eßlöffel Kirschwasser
4 Eßlöffel heißes Wasser
Zum Garnieren:
Schale einer halben Orange

Das Ungewöhnliche an diesem Kuchen: Er enthält kein Mehl. Und gerade darum ist er ein ganz besonders saftiger Kuchen.

Möhren unter fließendem Wasser gründlich abbürsten, abtropfen lassen und putzen. Auf einer mittelfeinen Reibe reiben. Eigelb in einer Schüssel mit Wasser schaumig rühren. Nach und nach zwei Drittel des Zuckers und den Vanillinzucker reinrühren, bis eine cremige Masse entsteht.

Eiweiß mit Salz in einer Schüssel zu steifem Schnee schlagen und den restlichen Zucker einrieseln lassen.

Eischnee über die Eigelbcreme gleiten lassen. Darüber die Möhren, Mandeln, Semmelbrösel, Backpulver, Zimt, Kirschwasser und Zitronenschale geben. Alles vorsichtig mischen.

Eine Springform von 24 cm Durchmesser einfetten. Teig einfüllen. In den vorgeheizten Ofen auf die mittlere Schiene stellen. Backzeit: 60 Minuten bei 160 Grad.

Für den Guß Puderzucker in eine Schüssel sieben. Mit Kakao mischen und mit Kirschwasser und Wasser glattrühren. Kuchen aus dem Ofen nehmen. Aus der Springform lösen. Auf einen Kuchendraht geben. Oberseite und Rand dick mit Guß bestreichen.

Für die Garnierung hauchdünn geschälte Orangenschale in 1 mm breite, 2 cm lange Streifen schneiden. In die Mitte des Kuchens streuen. Kuchen erkalten lassen. Auf eine Kuchenplatte geben. Zugedeckt mindestens 2 Tage an einem kühlen Ort stehen lassen.

Freiburger Birnensaftkuchen

Die Teigzutaten zu einem glatten Teig kneten. 15 Minuten kalt stellen. Arbeitsfläche dünn mit Mehl bestäuben. Teig darauf 2 mm dick ausrollen. Springform von 26 cm Durchmesser einfetten. Mit Teig auslegen. Einen Rand hochziehen. Für die Füllung Milch zum Kochen bringen. Puddingpulver mit Birnensaft verrühren. Topf vom

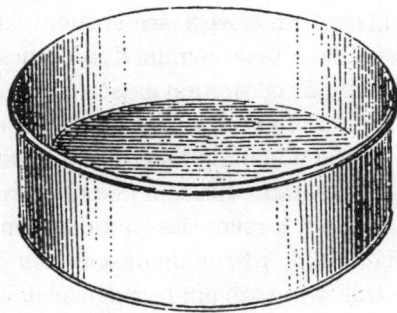

Feuer nehmen, angerührtes Puddingpulver einrühren, aufkochen und unter Rühren 1 Minute kochen. Mit Zucker abschmecken. Eigelb zum Schluß in die heiße Puddingmasse rühren. Abkühlen lassen. Auf den Tortenboden streichen. Form in den vorgeheizten Ofen auf die untere Schiene stellen. Backzeit: 40 Minuten bei 200 Grad.

Kuchen herausnehmen. Vorsichtig aus der Form lösen. Zucker und Zimt mischen. Kuchen damit bestreuen und auskühlen lassen.

Zutaten

Für den Teig:
250 g Mehl
1 Ei
1 Prise Salz
75 g Zucker
abgeriebene Schale einer halben Zitrone
100 g Butter oder Margarine
Mehl zum Ausrollen
Margarine zum Einfetten
Für die Füllung:
$1/2$ l Milch
2 Päckchen Puddingpulver (Vanillegeschmack)
$1/2$ l Birnensaft
100 g Zucker (bei gesüßtem Birnensaft 50 g Zucker)
1 Eigelb
Zum Bestreuen:
25 g Zucker
$1/2$ Teelöffel Zimt

Badische Pflaumentorte

Zutaten

Für den Teig:
6 Eigelb
100 g Zucker
1 Päckchen Vanillinzucker
6 Eiweiß
40 g Semmelbrösel
150 g geriebene Haselnüsse
1 Eßlöffel Rum
Für die Füllung:
1 kg Pflaumen
5 gehäufte Eßlöffel Zucker
1 kleines Stück Zimt
1 Nelke
¹/₄ l Wasser
30 g Speisestärke
¹/₄ l Sahne
1 gehäufter Eßlöffel Zucker
3–4 Blatt Gelatine
Zm Garnieren:
¹/₄ l Sahne
2 Teelöffel Zucker
etwas Vanillinzucker
100 g blättrig geschnittene
Mandeln

Eigelb, Zucker und Vanillinzucker schaumig rühren. Eiweiß zu steifem Schnee schlagen. Auf die Eigelbmasse verteilen. Darüber Semmelbrösel, Haselnüsse und Rum geben. Vorsichtig untereinander heben.

Springform mit Pergamentpapier auslegen. Teig einfüllen. In den vorgeheizten Ofen schieben. Backzeit: 30–35 Minuten bei 180–190 Grad. Tortenboden auskühlen lassen. Am besten erst zwei Tage später füllen. Dazu einmal durchschneiden. Für die Füllung die Pflaumen entsteinen und halbieren. Mit Zucker, Zimt, Nelken und Wasser gar kochen. Saft abgießen. Mit in kaltem Wasser angerührter Speisestärke binden. Pflaumen reingeben und abkühlen lassen. Die Masse kommt als erste Schicht auf den Tortenboden. Lassen Sie aber bitte 16 Pflaumenhälften zum Garnieren übrig. Auf Küchenpapier abtropfen lassen.

¹/₄ l Sahne mit etwas Zucker steif schlagen. Gelatine einweichen, ausdrücken, auflösen. Sahne damit dicken. Auf die Pflaumen streichen. 20 Minuten kalt stellen. Dann die zweite Teigplatte auflegen und so lange kalt stellen, bis Sie den zweiten Viertelliter Sahne fürs Garnieren mit Zucker und Vanillinzucker steifgeschlagen haben.

Torte mit Sahne überziehen, mit Sahnetuffs und Pflaumen auf der Oberfläche garnieren. Mandeln am Tortenrand verteilen.

Badener Chräbeli

Zucker mit den Eiern schaumig rühren. Mehl, Aniskörner, Zitronenschale und Natron unterkneten. Fingerdicke Rollen formen. 5 cm lange Stücke davon schneiden. Halbmondähnlich formen. Eine Seite dreimal schräg einschneiden. Aufs bemehlte Backblech legen. Am warmen Ort über Nacht trocknen lassen.
Blech in den Ofen schieben. Backzeit: Etwa 25 Minuten bei 180 Grad. Ergibt etwa 35 Stück.

Zutaten

250 g Zucker
2 Eier
250 g Mehl
1 Eßlöffel Aniskörner
Abgeriebenes einer Zitrone
1 Messerspitze Natron

Apfelkuchen mit Guß

Margarine mit Zucker und Salz schaumig rühren. Dann kommt das Mehl abwechselnd mit dem Weißwein in den Teig. Gut kneten. Etwa 30 Minuten kalt stellen. Springform mit dem Teig auslegen. Rand hochdrücken. Kühl stellen und währenddessen die Äpfel schälen, halbieren und entkernen. An den Rundungen werden sie eingeritzt. Und mit den Rundungen nach oben auf den Teig gesetzt. Zucker draufstreuen.
Springform in den vorgeheizten Ofen auf die mittlere Schiene stellen. Backzeit: 30 Minuten bei 225 Grad.
Eier, Vanillinzucker, Zitronenschale und Zucker schaumig rühren. Sahne unterheben. Über die Äpfel verteilen. Noch 10 Minuten überbacken.

Zutaten

125 g Margarine
75 g Zucker
1 Prise Salz
250 g Mehl
1/8 l Weißwein
1 kg Äpfel
Zucker
2 Eier
2 Päckchen Vanillinzucker
geriebene Zitronenschale
50 g Zucker
1/4 l Sahne

Rezeptverzeichnis

Der Mosaik-Verlag ist ein Unternehmen der Verlagsgruppe Bertelsmann

© 1995 Mosaik Verlag GmbH München / 5 4 3 2 1
Satz: Filmsatz Schröter GmbH, München
Druck und Bindung: Graphischer Großbetrieb Pößneck GmbH
Printed in Germany
ISBN 3-576-10524-7

Die beliebtesten Rezepte aus deutschen Landen!

Erhältlich überall dort, wo es Bücher gibt.

Diese liebenswert nostalgischen Kochbücher zeigen, wie vielfältig die deutsche Küche ist, und bieten ein Kaleidoskop regionaler Rezepte. Neben allseits bekannten Gerichten wie Hamburger Matjes, Berliner Buletten, Thüringer Gänsebraten und schwäbischen Maultaschen finden sich typische Spezialitäten wie Kölscher Kaviar oder Himmel und Erde. Der Einheimische wird sich mit Freude an seine Kindheit erinnern, während Fremde über die Vielfältigkeit der traditionellen deutschen Eßkultur staunen dürfen.

Jeder Band ist eigenständig und ein ideales Geschenk für Freunde oder durchreisende Touristen. Als Sammlung wird die Reihe ein unschätzbarer Fundus der besten deutschen Rezepte sein.

Mosaik